Bauernregeln
Wetterboten
Lostage

Martin Reiter

Bauernregeln Wetterboten Lostage

A&M

IMPRESSUM

Monatsbilder: „Die 12 Monate als Bauerntanz",
Kupferstiche von Hans Sebald Beham, Frankfurt 1546

Sonderausgabe für A&M, Salzburg

Einbandgestaltung: Martin Reiter/Foto: MEV Augsburg
Druck und Bindung: Bagel Roto-Offset GmbH & Co.KG,
Gewerbegebiet Sachsen-Anhalt Süd,
Kirchweg, 06721 Schleinitz
Printed in Germany

ISBN-10: 3-902509-24-4
ISBN-13: 978-3-902509-24-6

*2009 2008 2007 2006
Die letzte Jahreszahl gibt die aktuelle Lizenzausgabe an.

Bauernregeln, Lostage und Wetterboten

Eine **Bauernregel** ist eine Regel, die versucht, aus bestimmten Ereignissen (beispielsweise bestimmten Wetterlagen) Vorhersagen auf später kommende Ereignisse zu treffen. Bauernregeln sind meist aus der Beobachtung nacheinander folgender Umstände entstanden und wurden über viele Generationen weitergegeben.
Die meisten befassen sich mit der Wettervorhersage, zum Beispiel ausgehend vom Wetter oder anderen natürlichen Ereignissen an bestimmten Lostagen eines Monats oder dem Wetter eines ganzen Monats. Auch der Bezug auf Wetterboten ist weit verbreitet.
Früher war die allgemein vorherrschende Lehrmeinung, dass Bauernregeln nur sehr selten richtig liegen. Nachdem man aber Ende des 20. Jahrhunderts begonnen hat, Bauernregeln statistisch zu überprüfen und dabei auf das Entstehungsgebiet der Bauernregel achtete, stellte man fest, dass Bauernregeln als Erfahrungswerte vergleichsweise häufig richtig liegen. Man muss aber jeweils die Entstehungszeit der jeweiligen Regel und eine eventuelle Verschiebung des Kalendariums seither in Betracht ziehen. Insbesondere die Einführung des Gregorianischen Kalenders hat viele alte Bauernregeln „aus dem Tritt gebracht“.

Berücksichtigt man dies jedoch, sind vor allem die regionalen Regeln von erstaunlicher Zuverlässigkeit.

Unter einem **Lostag** versteht man einen Merktag für Bauernregeln, aus dessen Wetterverhältnissen man auf die Witterung der folgenden Zeit oder auf die bevorstehende Ernte schließt. Sie sind meist mit den Namenstagen katholischer Heiliger verbunden und fallen immer auf ein bestimmtes Datum.
So besagt zum Beispiel der 1. März: Regnet's an Sankt Albinus, macht's dem Bauern viel Verdruss.

Ein **Wetterbote** ist gemeinhin ein Indiz für einen zukünftigen Wetterumschwung. Es handelt sich dabei um einen nahezu ausschließlich in der Umgangssprache gebräuchlichen Begriff. Gute Wetterboten sind beispielsweise Wolken, aber auch der Schwalbenflug ist vielen als zuverlässiger Wetterbote geläufig. Fliegen sie hoch, so nimmt man an das Wetter bessere sich, fliegen sie tief, so schlussfolgert man, dass es sich verschlechtern wird. Derartige Wetterboten, wie auch zum Beispiel das Abendrot, sind keine meteorologische Kriterien für die Vorhersage eines Wetterumschwungs und basieren zudem oft auf rein empirisch abgeleitete und nur sehr regional gültige Bauernregeln, weshalb auf deren Gebrauch im Allgemeinen verzichtet werden sollte. Direkte Indizien für einen Wetterumschwung basieren auf der Wetterbeobachtung, also dem zeitlichen Verlauf von Temperatur und Luftdruck im Verbund mit der Beobachtung der Wolkenentwicklung, aus welchen sich schon mithilfe vergeichsweise weniger meteorologischer Kenntnisse eine lokale Wettervorhersage erstellen lässt. Diese ist nur mit einem geringen Mess- und Arbeitsaufwand verbunden, erreicht jedoch im Gegenzug eine wesentlich höhere Zuverlässigkeit als auf indirekte Beobachtungen – die Wetterboten – basierende Wettervorhersagen, weshalb sie diesen im Regelfall überlegen sind.

Alte Monatsnamen

Deutsche Monatsnamen tauchen im Schrifttum erstmals um 800 nach der julianischen Jahresrechnung bei Einhard in dessen in lateinischer Sprache verfasstem Werk „Vita Karoli Magni" über das Leben Karls des Großen auf, und zwar der wintarmanoth, hornung, lenzinmanoth, ostarmanoth, winnemanoth, brachmanoth, hewimanoth, aranmanoth, witumanoth, windumemanoth, herbistmanoth und heilagmanoth. Aber bereits diese Namen sind nicht ursprünglich, sondern christlich verformt. So war der neunte Monat eigentlich der Herbstmonat und der witumanoth (= Holzmonat) willkürlich.
Bei den Angelsachsen (Beda 725) hieß dieser neunte Monat halegmonadh. Er ist unter Karl dem Großen nun der zwölfte Monat. Nach Heinrich Heeger tritt erst am Ende des Mittelalters die Bezeichnung „Mond" an die Stelle von „Monat".
1781 benannte Runde die Monate folgendermaßen: Wintermonat, Hornung, Lenzmonat, Ostermonat, Wonnemonat, Brachmonat, Heumonat, Ähren- oder Erntemonat, Herbstmonat, Weinmonat, Windmonat und Heiligen- oder Christmonat. Die Willkürlichkeiten Karls des Großen sind zwar in dieser Monatsnamenreihe beseitigt worden, aber der „Ährenmonat" ist falsch, da „aran" die alte Form für „Ernte" ist. Erst 1846 führte

Friedrich Ludwig Jahn den Julmonat als zwölften Monat ein.
Am Ende des 19. Jahrhunderts wurden dann zahlreiche Monatsnamenreihen aufgestellt. Folgende Monatsnamen fanden dabei Verwendung:

1. Hartmond, Jenner, Hartung, Eismonat
2. Hornung
3. Lenzmond, März, Spröckel, Lenzmonat, Lenz
4. Ostermond, April, Ostering (später: Ostaring), Ostermonat
5. Wonnemond, Wonnemonat, Wunmond, Wunmonat, Mai
6. Brachmond, Brachmonat, Linding, Wendert
7. Heumond, Heumonat, Juli, Heuert
8. Ähren- oder Erntemond, Augst, Auchst, Ernting, Erntemonat, Erntert
9. Herbstmond, Herbstmonat, Scheiding, Arminsmonat
10. Weinmond, Weinmonat, Gilbhart, Freiheitsmonat
11. Windmond, Wintermonat, Nebelung, Laubriß, Nebelmonat
12. Heiligen- oder Christmond, Christmonat, Wending, Julmonat, Jul- oder Weihnachtsmond, Weihnachtsmonat

Die Bemühungen um das Aufstellen eigener deutscher Monatsnamenreihen wurden auch im 20. Jahrhundert von zahlreichen Autoren fortgesetzt.

In diesen Reihen kamen folgende Namen zur Anwendung:

1. Hartung, Jänner, Winter, Eismond, Horn, Hartmond
2. Hornung, Sellemond, Selle
3. Lenz, Lenzmonat, März, Lenzing, Lenzmonat
4. Östring, Ostermond, Ostermonat, Oster
5. Mai, Wonnemond, Weidemonat, Wonnemonat, Maien
6. Brachmond, Brachet, Sonnwend, Brachmonat
7. Heumond, Heuert, Heuet, Heumonat
8. Aust, Ernting, Erntemonat, Erntemond, Ernet
9. Herbstmond, Scheiding, Herbst, Hernstmonat, Herbsting
10. Weinmond, Gilbhardt, Gilbhart, Weinmonat, Laubfall, Gilbmond, Heiligmond, Laubries
11. Niblung, Laubris, Gilbhart, Nebelung, Laubrost, Nebelmond, Wintermonat, Nebling, Wintermond, Neblung
12. Jul, Wihimanoth, Julmonat, Julmond, Christmond, Christmonat, Heilsmond, Weihemond

Eine einheitliche deutsche Monatsnamenreihe kann es überhaupt nicht geben, zumal allein in den verschiedenen deutschen Mundarten an die 200 unterschiedliche Monatsnamen zeitlich und/oder örtlich begrenzt vorkamen oder vorkommen, worüber zum Beispiel die Arbeit des bedeutenden Germanisten Prof. Dr. Karl Weinhold

„Die deutschen Monatsnamen" (Halle 1861) Auskunft gibt. Anschließend sollen daher nur die gebräuchlichsten Monatsnamen kurz erläutert werden, wobei die Irrtümer und umstrittenen Erfindungen unberücksichtigt bleiben:

Hartung

Hartung ist (erfunden durch Hermann von Pfister-Schwaighusen 1893) aus der Umformung des „Hartman" (nach der harten Erde, Man = Mond) entstanden. Der Hartmond oder Hartmonat (althochdeutsch „hertimanod", mittelhochdeutsch „hertemanot") weist allenfalls noch auf hartes Eis (auch oberdeutsch: gefrorener Schnee) in diesem strengen Wintermonat hin.

Hornung

Hornung ist aus dem althochdeutschen, mittelhochdeutschen „hornunç" hergeleitet, was eigentlich das im Eck (Horn) gezeugte Kind (Bastard, Bankert) und deswegen zu kurz Gekommener bedeutet, und zwar wegen seiner nur 28/29 Tage. Auch altnordisch heißt das uneheliche Kind „hornung". Das germanische Wort „hurna" bedeutet Horn, Spitze, Ecke.

Lenz

Lenz, Lenzmonat, Lenzmond und Lenzing sind aus dem althochdeutschen „lenzo" oder „lengzo", was Frühling bedeutet, abgeleitet, und zwar nach den länger werdenden Tagen. Gemeint wurde damit stets die gesamte Jahreszeit, ebenso mit dem salzburgischen „Lenzing".

Ostermonat

Ostermonat oder Ostermond hängt mit der Himmelsrichtung Osten des Sonnenaufganges zusammen, mit dem steigenden Licht, zugleich mit dem wichtigen Fixpunkt im Sonnenlauf, der Frühlings-Tag- und Nachtgleiche am 21. März. Das Osterfest wird nach dem ersten Frühlingsvollmond gefeiert.

Wonnemonat

Wonnemonat oder Wonnemond ist der Weidemonat, der althochdeutsch „winni-, wunnimanod" und mittelhochdeutsch „wunne-, winnemanot" hieß. „Wunni" (= Freude, Lust) und „wunne" (= Lust-, Weideplatz) sind wiederum auf gotisch „winja" (= Weide, Futter) und germanisch „wunjo" oder „wun" (= lieben, zufrieden sein) zurückzuführen.

Brachet

Brachet ist die süddeutsche Kurzform für den Brachmonat oder Brachmond, da in ihm bei der Dreifelderwirtschaft das Brachfeld bearbeitet wurde.

Heuet

Heuet ist die süddeutsche Kurzform für den Heumonat oder Heumond, da zu dieser Zeit die Heuernte stattfand.

Erntemonat

Erntemonat, Erntemond und der Ernting (durch Adolf Reinecke 1893 erfunden) sind auf das althochdeutsche Wort „arnoti“ zu „ar(a)n“ (= Ernte) zurückzuführen und weisen auf die Getreideernte hin.

Herbstmonat

Herbstmonat, Herbstmond und der Herbsting (durch Adolf Reinecke 1893 erfunden) weisen auf die Herbst-Tagundnachtgleiche, den Herbstbeginn am 23. 9. hin. Scheiding soll nach Pfister-Schwaighusen (1893) zwar der Monat sein, der die warme von der kalten Jahreszeit scheidet, ist aber eine Neubildung aus nordhumbrisc „skeadhing“ und daher willkürlich.

Gilbhart

Gilbhart ist ebenfalls eine solche Neubildung aus „gilb“ (= gelb[es Herbstlaub]) und dem „Hart“ (= Bergwald, wie zum Beispiel Spessart = germanisch „Spechtwald“). Nach dem Germanisten Prof. Dr. Otto Brenner (1900) ist auch der durch Pfister-Schwaighusen 1893 erfundene Gilbhart „willkürlich aus der Luft gegriffen“.
Weinmonat oder Weinmond gehen auf die lateinischen Wörter „vinum“ (= Wein) und „demere“ (= abnehmen) zurück, so dass von einem „Weinlesemonat“ gesprochen werden kann. Sogar der Wind-

monat geht volksetymologisch auf den „kleinen Weinmonat" zurück, der für den 10. oder 11. Monat gebräuchlich ist.

Nebelmonat

Nebelmonat, Nebelmond und der durch von Pfister-Schwaighusen 1893 erfundene Nebelung weisen auf den Nebel in dieser Zeit hin. Es handelt sich aber dabei nur um eine Übersetzung von französisch „brumaire".

Julmonat

Julmonat oder Julmond ist aus dem Schwedischen („Jul" = Rad) übernommen, von Turnvater Jahn bei den Turnern eingeführt. Jul, das germanische Fest der Wintersonnenwende am 21. Dezember, geht auf das altnordische Wort „jol" zurück.

Jahrsegen

Gelobt seist du,
Jesus Christ, † der du
Mensch geworden bist † aus einer
Jungfrau, das ist wahr, † des freuet
sich der Engel Schar – Kyrie eleyson

Du hast uns bracht zu dieser Frist
Ein neues Jahr, Herr Jesu Christ:
O segne dieses Jahres Rund,
Vom Eingang bis zur letzten Stund,
Kyrie eleyson!

Seg'n uns jeden neuen Tag
Und was der Tag uns bringen mag,
Seg'n unser Leben, unser Sterben,
Auf dass wir deinen Himmel erben,
Kyrie elyeson!

I FABIANVS
I·
IENNER·
ONFANG DES IARS
1546
HSB

JÄNNER

1. Jänner

Allerorten hell und klar,
Glückauf zum neuen Jahr.

Neujahrsnacht still und klar,
deutet auf ein gutes Jahr.

Neujahrsnacht hell und klar,
deutet auf ein reiches Jahr.

Neujahrstag mit Sonnenschein,
lässt das Jahr recht fruchtbar sein.

Morgenröte am ersten Tag,
bringt Unwetter und große Plag'.

Am Neujahrstag kalt und weiß,
wird der Sommer später heiß.

Wenn 's um Neujahr Regen gibt,
oft um Ostern Schnee noch liegt.

Wenn es zu Neujahr schneit,
gibt es viele Bienenschwärme.

Neujahr Sonnenschein,
lässt das Jahr fruchtbarer sein.

Wenn an Neujahr die Sonne lacht,
gibt's viel Fisch in Fluss und Bach.

2. Jänner

Wie das Wetter zu Makarius war,
so wird's auch im September,
trüb oder klar.

Markarius das Wetter prophezeit
für die ganze Erntezeit.

6. Jänner

Heilig Dreikönig sonnig und still,
Winter vor Ostern nicht weichen will.

Dreikönig ohne Eis:
Pankraz (12. 5.) weiß.

Wie sich das Wetter
bis Dreikönig hält,
so ist das nächste Jahr bestellt.

Dreikönigsabend hell und klar,
verspricht ein gutes Erntejahr.

Ist bis Dreikönigstag kein Winter,
so kommt auch keiner mehr dahinter.

Ist Dreikönig hell und klar,
gibt's viel Wein (Obst) in diesem Jahr.

Die Heiligen Drei Könige
kommen oder gehen im Wasser.

Die heiligen Drei Könige –
bauen eine Brücke oder brechen ein.

8. Jänner

Erhard mit der Hack',
steckt die Weihnachtstage in den Sack.

9. Jänner

St. Julian bricht das Eis,
bricht er es nicht, umarmt er es.

10. Jänner

An Amalie Sonnenschein,
bringt viel Korn und Weizen ein.

Pauli klar, ein gutes Jahr;
Pauli Regen, schlechter Segen.

Am 10. Jänner Sonnenschein,
bringt dem Bauern Korn und Wein.

Ist der Paulustag gelinde,
folgen im Frühjahr raue Winde.

15. Jänner

Spielt die Muck um Habakuk,
der Bauer nach dem Futter guckt.

17. Jänner

Wenn Antoni die Luft ist klar,
so gibt es ein trocken Jahr.

Große Kält' am Antoniustag,
große Hitze am Lorenzitag,
doch keine lange dauern mag.

Wenn Antoni die Luft ist klar,
gibt es ein recht trocknes Jahr.

St. Antonius bringt
oder zerbricht Eis.

St. Antonius mit dem weißen Bart,
wenn er nicht regnet,
er doch mit dem Schnee
nicht spart.

20. Jänner

Fabian und Sebastian
fängt der rechte Winter an.

Sebastian je kälter und heller,
Scheuer und Fass desto völler.

Fabian im Nebelhut,
tut den Bäumen gar nicht gut.

Fabian im Nebelhut,
denn das tut den Früchten gut.

Um Fabian und Sebastian
fängt schon der Saft zu gehen an.

An Fabian und Sebastian
fangen die Bäum' zu saften an.

Sturm und Frost an Fabian,
ist den Saaten wohlgetan.

21. Jänner

Wenn Agnes und
Vinzenzi kommen
wird neuer Saft
im Baum vernommen.

22. Jänner

Vinzenz Sonnenschein –
bringt viel Korn und Wein.

Watet St. Vinzenz im Schnee,
gibt's viel Heu und Klee.

St. Vinzenz heller Tag,
verheißt ein gutes Jahr.

Wie das Wetter um Vinzenzi war,
wird es sein das ganze Jahr.

Vinzenz Sonnenschein
bringt viel Obst und Wein,
bringt er aber Wasserflut,
ist's für beides nicht sehr gut.

23. Jänner

Dem heiligen Klemens traue nicht,
denn selten zeigt er
ein mildes Gesicht.

25. Jänner

St. Pauli Bekehrung hell und klar,
so hofft man auf ein gutes Jahr.

Pauli klar, ein gutes Jahr.
Pauli Regen, schlechter Segen.

Pauli Bekehr,
der halbe Winter hin,
der halbe her.

Um den Kalender
kümmere ich mich nicht
ist nur St. Paulus
dunkel nicht.

Ist es an St. Paulus
auch nur so lange klar,
als ein Reiter braucht,
um sein Ross zu satteln,
gibt's ein gutes Jahr.

Hat Paulus weder Schnee noch Regen,
so bringt das Jahr gar manchen Segen,
hat er Wind, so regnet's geschwind.

26. Jänner

Timotheus bricht das Eis,
hat er keins, so macht er eins.

27. Jänner

Das Eis zerbricht St. Julian, bricht
er's nicht, so drückt er's fester an.

30. Jänner

Bringt Martina Sonnenschein,
hofft man auf viel Korn und Wein.

31. Jänner

Friert es auf Virgilius,
im Märzen Kälte kommen muss.

Anfang und Ende Jänner
zeigen das Wetter fürs ganze Jahr.

Was Jänner an Schnee gefehlt,
oft der weiße März erzählt.

Allgemeine Jänner-Regeln

Auf trocken-kalten Jänner
folgt viel Schnee im Februar.

Fehlen im Jänner Schnee und Frost,
gibt der März gar wenig Trost.

Im Jänner kannst du schon
die Bienenstöcke setzen,
soll Honig und Wachs dich
mit reicher Frucht ergötzen.

Im Jänner werden die Tage länger
und der Winter strenger.

JÄNNER

Im Jänner Reif ohne Schnee,
tut Bergen, Bäumen und allem weh.

Im Jänner sieht man lieber einen Wolf,
als den Bauern ohne Jacke.

Ist der Jänner feucht und lau,
wird das Frühjahr trocken und rauh.

Holz soll zwischen dem 20. und
30. Jänner bei abnehmendem
Mond gefällt werden.

Ist der Jänner hell und weiß,
wird der Sommer sicher heiß.

Ist im Jänner dick Eis,
gibt's im Mai ein üppig Reis.

Jänner muss vor Kälte knacken,
wenn die Ernte gut soll sacken.

Jännerschnee zuhauf,
Bauer halt die Säcke auf.

Je frostiger der Jänner,
je freundlicher das ganze Jahr.

JÄNNER

Knarren im Jänner Eis und Schnee,
gibt's zur Ernte viel Korn und Klee.

Nebel im Jänner
macht nasses Frühjahr.

Reichlich Schnee im Jänner,
machet Dung fürs ganze Jahr.

Tanzen im Jänner die Mucken,
muss der Bauer
nach dem Futter gucken.

Wächst das Korn im Jänner,
wird es auf dem Markte rar.

Wenn der Frost im Jänner
nicht kommen will,
kommt er sicher im April.

Wenig Wasser, viel Wein –
viel Regen, wenig Wein.

Wenns Gras wächst im Jänner,
wächst es schlecht das ganze Jahr.

Jänner warm, dass Gott erbarm!

MATHIAS HORNVNG.

FEBRUAR

2. Februar

Lichtmess im Klee –
Ostern im Schnee

Ist's Lichtmess licht,
geht der Winter nicht.

Sonnt sich der Dachs
in der Lichtmesswoche,
geht er hernach für
vier Wochen ins Loche.

Ist's an Lichtmess hell und rein,
wird ein langer Winter sein.
Wenn es aber stürmt und schneit,
ist der Frühling nicht mehr weit.

Lieber den Fuchs im Hühnerstall,
als zu Lichtmess einen Sonnenstrahl.

Lichtmess trüb,
ist dem Bauern lieb.

FEBRUAR

Der Lichtmess-Sonnenschein
bringt großen Schnee herein.

Scheint zu Lichtmess die Sonne heiß,
gibt's noch viel Schnee und Eis.

Ist's an Lichtmess kalt,
kommt der Frühling bald.

Lichtmess schön und trocken,
muss der Winter lange hocken.

Wenn an Lichtmess
der Dachs seinen Schatten sieht,
er nach vier Wochen
in seinen Bau flieht.

Wenn die Bienen vom Baum aus
keine Wolke sehen am Lichtmesstag,
werden die Bienenvölker
besonders gut.

Wenn der Nebel zu Lichtmess fallt,
wird's gewöhnlich sehr lange kalt.

Die weiße Gans (Sinnbild des Schnees) im Februar
brütet Segen fürs ganze Jahr.

Wann's zu Maria Lichtmess wittert,
geht der Bär aus dem Loch.
(Zu einer Zeit, als es im deutschsprachigen Raum noch Braunbären in den Wäldern gab, konnte man an ihrem Erscheinen – aufwachen aus dem Winterschlaf – die kommende Witterung erahnen.

3. Februar

Der heilige Blasius
stößt dem Winter die Hörner ab.

5. Februar

St. Agatha, die Gottesbraut,
macht, dass Schnee und Eis gern taut.

6. Februar

St. Dorothee bringt
den meisten Schnee.

St. Dorothee watet gern im Schnee.

Ist's zu St. Dorothea kalt,
kommt der Frühling bald.

9. Februar

Ist's an Apollonia feucht,
der Winter meist sehr spät entweicht.

14. Februar

Auf St. Valentein
friert's Rad mitsamt der Mühle ein.

Kalter Valentin, früher Lenzbeginn.

Regnet's an St. Valentin,
ist die halbe Ernte hin.

Ist's an Valentin noch weiß,
blüht zu Ostern schon das Reis.

Trinkt St. Valentin viel Wasser,
wird der Frühling um so nasser.

18. Februar

Friert's um Simeon ganz plötzlich,
bleibt der Frost nicht lang gesetzlich.

21. Februar

St. Felix zeigt an,
was wir 40 Tage für Wetter ha'n.

22. Februar

Petri Stuhlfeier kalt,
die Kälte noch länger anhalt.

Wie das Wetter in der Nacht
vor Petri Stuhlfeier ist,
soll es vierzig Tage lang sein.

Petri Stuhlfeier
macht Tag und Nacht gleich.

Sankt Peter hebt den Lenz an,
der geht aus auf Sankt Urban.

Wie's Petrus und Matthias (24. 2.) macht,
so bleibt es noch durch vierzig Nacht.

Hat Petri Stuhlfeier Eis und Ost
(Ostwind),
bringt der Winter noch herben Frost.

Gefriert's in der St. Peter-Nacht,
verliert der Winter seine Kraft.

24. Februar

Wenn neues Eis Matthias bringt,
so friert's noch vierzig Tage.

Wie's Petrus (22. 2.) und Matthias macht,
so bleibt es noch durch vierzig Nacht.

St. Mattheis wirft einen
heißen Stein ins Eis.

Wenn Mattheis kommt herbei,
legt die Henne das erste Ei.

Hat Mattheis sei' Hack verlor'n,
wird erst St. Joseph (19. 3)
das Eis durchbohr'n.

Mattheis bricht's Eis,
find er keins, so macht er eins.

St. Matthias, erstes Frühlingshoffen.

St. Matthias hab' ich lieb,
denn er gibt dem Baum den Trieb.

Tritt Matthias stürmisch ein,
wird bis Ostern Winter sein.

Nach Mattheis
geht kein Fuchs mehr übers Eis.

St. Matthias wirft 'nen heißen Stein in's Eis,
darum geht jetzt kein Fuchs mehr darüber.

26. Februar

Alexander und Leander (28. 2.)
suchen Märzluft miteinander.

28. Februar

Alexander (26. 2.) und Leander
suchen Märzluft miteinander.

Ist St. Roman hell und klar,
deutets auf ein gutes Jahr.

St. Roman hell und klar,
bedeutet ein fruchtbares Jahr.

Allgemeine Februar-Regeln

Gibt es an Fastnacht viele Stern,
dann legen auch
die Hühner wieder gern.

Wie sich die drei Faschingstage
schalten,
so werden sich die
drei Ostertage gestalten.

Alle Monate im Jahr,
verwünschen den schönen Februar.

Der Februar ist ein eigener Kauz –
wenn's nicht gefriert, dann taut's.

FEBRUAR

Der Februar muss
stürmen und blasen,
soll das Vieh im Lenze grasen.

Der März sagt zum Februar:
„Wenn ich so wär'wie du,
ließ ich erfrieren
das Kalb in der Kuh."

Der schlimmste Monat im ganzen Jahr,
doch meist der kleine Hornung war.

Die weiße Gans im Februar,
brütet Segen fürs ganze Jahr.

Ein nasser Februar
bringt ein fruchtbar Jahr.

Heftige Nordwind im Februar,
vermelden fruchtbares Jahr.

Wenn der Nordwind im Februar
aber nicht will,
so kommt er sicher im April.

Hörst du die Drossel im Hornung schrein und rufen,
nahen des Lenzes Rosse auf schnellen Hufen.

Im Hornung Schnee und Eis,
macht den Sommer heiß.

Im Februar müssen die Stürme fackeln,
dass dem Ochsen die Hörner wackeln.

Im Februar muss die Lerche
auf die Heid',
mags ihr lieb sein oder leid.

Im Februar zuviel Sonne am Baum,
lässt dem Obst keinen Raum.

Ist der Februar kalt und trocken,
so wird's im August heiß.

Je nasser der Februar,
desto nasser wird das ganze Jahr.

Kalter Februar bringt ein gutes Jahr.

Kalter Februar – gutes Roggenjahr.

Wenn im Hornung die Mücken geigen,
müssen sie im Märzen schweigen.
Mücken, die im Februar summen,
gar oft auf lange Zeit verstummen.

FEBRUAR

Nebel im Februar,
bringt Regen oft im Jahr.

Sonnt sich im Februar die Katze im Frei'n,
muss sie im März noch einmal zum Ofen hinein.

Soviel Nebeltage im Februar,
soviel kalte Tage im August.

Spielen die Mücken im Februar,
frier'n Schaf und Bien das ganze Jahr.

Was der Hornung nicht will,
das nimmt der April.
Wenn die Februarsonne
den Dachs nicht weckt,
schläft er im April noch fest.

Wenn's der Hornung gnädig macht,
bringt der Lenz den Frost bei Nacht.
Wenn's im Februar regnerisch ist,
hilft's soviel wie guter Mist.

Wer den Hafer säet im Horn,
der hat viel Korn;
wer ihn säet im Mai,
der hat viel Spreu.

MATHIAS HORNVNG.

MÄRZ

1. März

Regnet's an St. Albinus,
macht's dem Bauern viel Verdruss.

Der März soll wie ein Wolf kommen
und wie ein Lamm gehen.

3. März

St. Kunigund macht
warm von unt' (Bodenfrost weicht).

Wenn's donnert um Kunigund
und Cyprian (8. 3.),
musst oft ziehen Handschuh an.

Wenn Kunigunde tränenschwer,
dann bleibt gar oft die Scheune leer.

Wenn es Kunigunde friert,
sie's noch 40 Nächte spürt.

5. März

Friert es auf Virgilius,
im Märzen Kälte kommen muss.

8. März

Wenn's donnert um St. Cyprian,
zieht man noch oft die Handschuh ' an.

9. März

Wie das Wetter auf 40 Ritter fällt,
40 Tage dasselbe hält.

10. März

Wie die vierzig Märtyrer
das Wetter gestalten,
so wird es noch vierzig Tage halten.

Friert's am Märtyrertag recht,
so friert's noch vierzig Nächt'.

12. März

Weht an Gregorius der Wind,
noch vierzig Tage windig sind.

St. Gregor und das Kreuz machen
den Tag so lang als wie die Nacht.

Wenn Gregorius sich stellt,
muss der Bauer aufs Feld.

Gregor zeigt den Bauern an,
ob im Feld er säen kann.

Weht am Gregoriustag der Wind,
noch 40 Tage windig sind.

Gregori schön,
Fuchs lässt sich sehn.
Gregori schlecht,
Fuchs bleibt versteckt.

Am Gregorstag schwimmt
das Eis ins Meer.

Bleibt der Bär in der Höhle, bleibt es kalt,
sitzt er vor ihr, wird es schön.

17. März

Wer dicke Bohnen und
Mohren will ernten,
darf St. Gertrud nicht vergessen.

Gertraud die Erd von unten auftaut.

St. Gertrud sonnig,
so wird's dem Gärtner wonnig.

Frierts an Gertrud,
der Winter noch
vierzehn Tage nicht ruht.

Sieht St. Gertrud Eis,
wird das ganze Jahr nicht heiß.

An St. Gertrud ist es gut,
wenn in die Erd' man Bohnen tut.

St. Gertrud führt
die Kuh zum Kraut,
die Bienen zum Flug
und die Pferde zum Zug.

St. Gertrud die Erde öffnen tut.

Friert es am Tag von St. Gertrud,
der Winter noch zwei Wochen nicht ruht.

19. März

Hat Mattheis (24. 2.) sei' Hack
verlor'n, wird erst St. Joseph
das Eis durchbohr'n.

Ist's am Josefstag schön,
kanns nur gut weitergehen.

Ist's am Josefstag klar,
so wird's ein gesegnetes Jahr.

Wenn amal Josefi ist, endet der Winter g'wiß.

Ist's am Josefstag schön,
kann es nur so weitergehen.

Wenn 's einmal um Josefi is,
so endet der Winter g' wiß.

21. März

Auf den Benediktentag säe
Erbsen, Bohnen und Zwiebeln.

Sankt Benedikt macht die Zwiebeln dick.

Willst du Gerste, Erbsen, Zwiebel dick,
so sä sie an St. Benedikt.

Wenn am 21. der Nordwind bläst,
so bläst er noch dreißigmal,
ehe es Frühling wird.

An St. Benedikt acht gar wohl,
dass man Hafer säen soll.

Benedikt Schnee,
14 Tage Schnee oder meh'.

25. März

Schöner Verkündigungsmorgen
befreit den Landmann
von vielen Sorgen.

Ist Marien schön und klar,
wird das Frühjahr fruchtbar sein.

Um Mariä Verkündigung klar,
ist Segen für das ganze Jahr.

MÄRZ

So viele Tage vor Marien sich
die Bienen und Mücken zeigen,
so viele Tage müssen sie
nachher schweigen.

Am 25. März steht der Storch
auf dem Petersdom in Rom
und schaut Richtung Norden,
ob dort wohl noch Schnee liegt.

An Maria Verkündigung
kommen die Schwalben wiederum.

Wenn 's Maria Verkündigung friert,
es vier Wochen so bleiben wird.

Regnet's an Maria Verkündigung,
so regnet es vier Wochen lang.

Ist Marie schön und hell,
kommt viel Obst auf alle Fäll'.

Soviel Tag vor Maria
die Frösche geigen,
soviel müssen sie
nachher schweigen.

26. März

Maria pustet das Licht aus
und Michael (29. 9.)
steckt es wieder an.

Wie Maria fortgegangen, wird
Magdalena (22. 7.) sie empfangen.

27. März

Hält St. Rupert den Himmel rein,
so wird er's auch im Juli sein.

Wie die letzten Tage im März
wird die Herbstzeit allerwärts.

30. März

Wie der 30., so der Sommer.

Allgemeine März-Regeln

Aprilenschnee düngt,
Märzenschnee frisst.

Auf Märzenschnee
die Wäsche bleichen,
da müssen alle Flecken weichen.

Dem Golde gleich ist Märzenstaub,
er bringt uns Kraut
und Gras und Laub.

Der März kriegt den Pflug beim Sterz.
Der April hält ihn wieder still.

Der März soll zwölf gute Tage haben.

Donnert's in den März hinein,
wird der Roggen gut gedeih'n.

Wenn der März
viel Schnee verweht,
gute Ernte in Aussicht steht.

Einem freundlichen März
folgt ein freundlicher April.

MÄRZ

Ein feuchter, fauler März
ist des Bauern Schmerz.

Fürchte nicht den Schnee im März,
darunter schlägt ein warmes Herz.

Grasmücken im März,
eh' die Weinstöcke sprießen,
verkünden: ein gutes Jahr
ist verhießen.

Grüne Fas(t)nacht, weiße Ostern.

Ist Palmsonntag hell und klar,
gibt's ein gut' und fruchtbar Jahr.

Ist's im März zu feucht,
wird's Brot im Sommer leicht.

Je größer der Staub im Märzen,
je schöner die Ernte der Erbsen.

Langer Schnee im März
bricht dem Korn das Herz.

Lässt der März sich trocken an,
bringt er Brot für jedermann.

Märzen kalt und Sonnenschein,
bringt eine gute Ernte ein.

Märzenregen bringt
wenig Sommersegen.

Märzenregen zeigen an,
dass große Winde ziehen heran.

Märzenschnee tut der Saat weh.

Märzensonne – kurze Wonne.

Säst du im März zu früh,
ist es leicht vergebene Müh'.

Schlägt im Märzengrün der Fink,
ist es ein gefährlich Ding.

März in der Blume,
Sommer ohne Tau,
trocknen die Felder
und dörren die Au'.

Maulwurfshaufen
im März zerstreut,
lohnt sich wohl zur Erntezeit.

MÄRZ

Mitte Märzen soll der Bauer
im Feld rumsterzen.

Ostern im März
verspricht ein gutes Brotjahr.

So viele Fröste im März,
so viele im Mai.

Soviel Nebel im März,
soviel Frost im Mai.

Steckst du die Kartoffel im März,
so treibst du mit ihr Scherz.

Stößt der März rauh ins Horn,
steht es gut mit Heu und Korn.
Um Märzen kalt und Sonnenschein,
wird's eine gute Ernte sein.

Was ein richtiger März ist
soll eingehen wie ein Löwe
und ausgehen wie ein Lamm.

Wenn im März viel Nebel fallen,
im Sommer viel Gewitter schallen.

Wenn sich heiter zeigt der März,
freut sich sehr des Landmanns Herz.

Wenn's im März donnert,
wird's im April schneien.

Wer will dicke Bohnen essen,
darf die Märzsaat nicht vergessen.

Karfreitagregen soll einen
trockenen Sommer geben.

Wenn es an Karfreitag friert,
das Frühjahr ein recht gutes wird.

Ist unserm Herrn am Kreuze kalt,
die Kälte noch vier Wochen halt.

Am Karfreitag trauert die Sonne
bis drei Uhr nachmittags.

Wie das Wetter
in den Fastnachtstagen,
mag es auch sein in den Ostertagen.

Wenn's am Weißen Sonntag regnet,
dann fällt bis Pfingsten viel Regen.

MARCVS APRIL.

APRIL

2. April

Bringt Genoveva uns
Sturm und Wind,
so ist Waltraud (9. 4.) uns oft gelind.

Bringt Rosamunde Sturm und Wind,
ist Sybille (29. 7.) uns gelind.

3. April

Christian fängt zu säen an.

Wer an Christian säet Lein,
bringt schönen Flachs in seinen Schrein.

4. April

Ist Ambrosius schön und rein,
wird St. Florian (4. 5.)
dann milder sein.

Erbsen sah Ambrosius,
so tragen sie reich und geben Mus.

St. Ambrosius man Zwiebeln säen muss.

Ambrosius schneit oft.

13. April

So wie Martin es will,
zeigt sich dann der ganze April.

Das Wetter des 13. April
kann 30 Tage dauern.

14. April

Tiburtius kommt
mit Sang und Schall;
er bringt den Kuckuck
und die Nachtigall.

Wenn Tiburtius schellt,
grünt das Feld.

Am Tag Tibartii sollen
alle Felder grünen.

Grüne Felder an Tiburtiustag,
ziehen viel Getreide nach.

15. April

Fünfzehnter April –
der Kuckuckstag.

Am fünfzehnten April
der Kuckuck singen soll,
und müsst er singen
aus einem Baum, der hohl.

23. April

Regnet's vorm Georgitag,
währt noch lang des Segens Plag.

St. Georg kommt nach alten Sitten,
zumeist auf einem Schimmel geritten.

St. Andreas (30. 11.) macht das Eis,
St. Georg bricht das Eis.

Vor Georgi trocken, nach Georgi nass.

Kommt St. Georg geritten
mit dem Schimmel,
so kommt ein gutes Frühjahr
vom Himmel.

Ist's am Georgi warm und schön,
wird man noch raue Wetter seh 'n.

Zu Georgi müssen die Schweine
ausgetrieben werden,
und sich 's Korn so recken,
dass sich kann eine Krähe verstecken.

Zu Georgi blinde Reben, volle Traub.

24. April

Wenn's auf St. Fidel gefriert,
noch öfters mal die Kälte klirrt.

Jörg und Fidele bringen 's letzte Schneele.

So lange es bis St. Fidel warm ist,
so lange ist es nachher kalt.

25. April

Ist auf Markus die Buche grün
gibt's ein gutes Jahr.

Wenn an Markus die Buchen grünen,
so will mit einem guten Jahr
er dienen.

So lange es vor St. Markustag
warm ist,
so lange ist es nachher kalt.

Was St. Markus an Wetter hält,
so ist's auch mit der Ernt' bestellt.

Vor Markustag der Bauer
sich hüten mag,
denn wenn's vor Markus warm ist,
wird's nachher kalt.

28. April

Friert's am Tag von St. Vital
friert es wohl noch 15 Mal.

30. April

Um Walpurgis fährt der Saft in die Birken.

Regen auf Walpurgisnacht,
hat immer ein gutes Jahr gebracht.

Ist der April schön und rein,
wird der Mai um so wilder sein.

Ist der April zu schön,
kann im Mai der Schnee noch weh' n.

Allgemeine April-Regeln

April, April, der macht was er will.

Aprilenglut tut selten gut.

Aprilsturm und Regenwucht
kündet Wein und goldene Frucht.

Aprilenwetter und Kartenglück
wechseln jeden Augenblick.

APRIL

Aprilenschnee düngt, Märzenschnee frisst.

April kalt und nass
füllt Scheuer und Fass.

Aprilschnee ist besser als Schafmist.

April trocken, macht die Keime stocken.

Auf nassen April
ein trockener Juni folgen will.

Bleibt der April recht sonnig und warm,
macht er den Bauern auch nicht arm.

Blüht im April
der Maulbeerbaum,
gibt's Kälte und Frost
hernach noch kaum.

Der April kann rasen.
Nur der Mai hält Maßen.

Die Menschen sind wie die Aprilen,
die haben ihre Grillen.

Warmer Aprilregen – großer Segen.

Es gerät das Wachstum ins Stocken,
ist's im April windig und trocken.

Gras, das im April wächst,
steht im Mai fest.

Grünen die Eichen vor dem Mai,
zeigt's, dass der Sommer
fruchtbar sei.

Hat der April mehr Regen
als Sonnenschein,
so wird's im Juni trocken sein.

Herrengunst, Aprilenwetter,
Frauenlob und Rosenblätter,
Kartenglück und Würfelspiel,
wechseln viel – wer's glauben will.

Ist der April schön und rein,
wird der Mai dann wilder sein.

Ist der April zu schön,
kann im Mai der Schnee weh'n.

Ist der April zu trocken und licht,
so gerät das Futter nicht.

Ist der grüne Donnestag weiß,
wird der Sommer sicher heiß.

Je früher im April
der Schlehdorn blüht,
desto eher der Bauer zur Ernte zieht.

Je zeitiger im April die Schlehe blüht,
umso früher vor Jakobi
die Ernte glüht.

Setzt du die Kartoffeln im April,
so kommt sie wann sie will.
Setzt du sie im Mai,
so kommt sie glei'.

Siehst du im April die Falter tanzen,
magst du getrost im Garten pflanzen.

Trockener April ist nicht
nach des Bauern Will.

Viel Blumen im April,
wenig Kirschen danach.

Wenn der April bläst in sein Horn,
so steht es gut um Heu und Korn.

PHILIPVS MEI·

MAI

1. Mai

Regnet's am ersten Maientag,
gute Ernte man erwarten mag.

Am ersten Mai
fährt man den Ochsen ins Heu.

Am ersten Mai
soll sich eine Krähe
im Roggen verstecken.

Erster Mai Reif oder Nass,
macht dem Bauern Spaß.

Ein Mann von guter deutscher Art,
trägt seinen Pelz bis Himmelfahrt,
und friert's dann noch und kommt noch Schnee,
so trägt er's bis Bartholomä (24. 8.).

3. Mai

Wie's Wetter am Kreuzfindungstag,
bis Himmelfahrt es bleiben mag.

4. Mai

St. Florian, St. Florian,
verschon' mein Haus, zünd andere an.

Der Florian, der Florian,
noch einen Schneehut setzen kann.

7. Mai

Wenn Tränen weint der Stanislaus,
dann tut uns das nicht leid.
Es werden blanke Heller draus,
über kurze Zeit.

11. Mai

Regen am Phillip- und Jakobitag
deutet an ein fruchtbares Jahr.

Phillip und Jakob nass,
macht dem Bauern großen Spaß.

Der Hl. Mamerz hat von Eis ein Herz
(Gefahr einer Kältewelle).

12. Mai

Pankrazi,
Servazi (13. 5.),
Bonifazi (14. 5.),
sind drei frostige Bazi,
und am Schluss fehlt nie
die kalte Sophie (15. 5.)

Die drei Azius ohne Regen,
bringen dem Bauer reichen Segen.

Pankratius hält den Nacken steif,
sein Harnisch klirrt vor Frost und Eis.

Pankraz und Urban (25. 5.) ohne Regen,
bringen großen Erntesegen.

Pankratius und Servatius
bringen oft noch viel Verdruss.

Pankraz und Servaz sind zwei Brüder,
was der Frühling gebracht,
zerstören sie wieder.

Wenn 's an Pankratius gefriert,
wird im Garten viel ruiniert.

Wenn es am Pankratiustag schön ist,
so ist das ein gutes Zeichen
zu einem schönen Herbst

13. Mai (Servatius)

Wer seine Schafe schert vor Servaz,
dem ist die Wolle lieber als das Schaf.

Servatius muss vorüber sein,
willst du vor Nachtfrost sicher sein.

Vor Servatius kein Sommer,
nach Servatius kein Frost.

Servatius Mund der Ostwind ist,
hat schon manch Blümlein totgeküsst.

Pankraz und Servaz sind böse Gäste,
sie bringen oft die Maienfröste.

14. Mai (Bonifatius)

Pankrazi, Servazi, Bonifazi
sind drei frostige Bazi,
und zu Schluss fehlt nie
die kalte Sophie.

15. Mai (Sophie)

Vor Nachfrost bist du sicher nicht,
bis Sophie vorüber ist.

Sophia man die Kalte nennt,
weil sie gern kaltes Wetter bringt.

Die Eisheiligen
sieht kein Gärtner gern,
denn sie sind allzu gestrenge Herrn.

16. Mai

Heiliger Johann Nepomuk,
treib' uns die Wassergüss' zurück.

25. Mai

Pankraz (12. 5.) und Urban ohne Regen,
bringen großen Erntesegen.

Das Wetter, das Urbanus hat,
auch bei der Lese findet statt.

Das Wetter auf St. Urban
zeigt des Herbstes Wetter an.

Wie sich das Wetter
auf St. Urban verhält,
so ist es zwanzig Tage bestellt.

Allgemeine Mai-Regeln

Abendtau und kühl im Mai,
bringen viel Wein und bringen viel Heu.

Blüht im Mai die Eiche vor der Esche,
gibt's noch eine große Wäsche.
Blüht die Esche vor der Eiche,
gibt es eine schöne Bleiche.

Der Mai bringt Blumen dem Gesichte,
aber dem Magen keine Früchte.

MAI

Der Mai, zum Wonnemonat erkoren,
hat den Reif noch hinter den Ohren.

Donnert es im Maien viel,
hat der Bauer gewonnen Spiel.

Ein rechter Mai fürwahr,
das ist der Schlüssel für's ganze Jahr.
Erst in der Mitte des Mai
ist der Winter vorbei.

Ist der Mai recht heiß,
kriegt der Bauer kleine Brocken,
ist er aber feucht und kühl,
dann gibt's Frucht und Futter viel.

Je mehr die Maikäfer verzehren,
je mehr wird die Ernte bescheren.

Kühler Mai, viel Stroh und Heu.

Kühler, nicht nasskalter Mai,
bringt guten Wein und viel Heu.

Mai kühl und nass,
füllt dem Bauern
Scheun' und Fass.

MAI

Maikäferjahr, ein gutes Jahr.

Mairegen auf die Saaten,
dann regnet es Dukaten.

Mairegen bringt Segen.

Man muss den Mai nehmen,
so wie er kommt.
Nasser Mai bringt ein fruchtbar Jahr,
trockener macht es dürr fürwahr.

Nordwind im Mai
bringt Trockenheit herbei.

Schöne Eichenblüt' im Mai,
bringt ein gutes Jahr herbei.

Setzt du die Kartoffeln im April,
so kommt sie wann sie will.
Setzt du sie im Mai,
so kommt sie glei'.

So viele Fröste im März, so viele im Mai.

Wenn im Mai die Wachteln schlagen,
singen sie von Regentagen.

Wer im Mai verehrt,
was der September erst gewährt,
dem ist ein schlimmer Winter beschert.

Will der Mai ein Gärtner sein,
trägt er nicht in Scheunen ein.

IOHANNES BRACHMON

JUNI

1. Juni

Schönes Wetter auf Fortunat
ein gutes Jahr zu bedeuten hat.

Ist's am Fortunatstag klar,
so verheißt's ein gutes Jahr.

8. Juni

Am 8. Juni beginnt die
sogenannte „Schafskälte“,
die mindestens eine Woche dauert.
Am 18. Juni ist diese
Wetterperiode beendet.

Wie's Wetter zu Medardi fällt,
es bis zu Mondes Schluss anhält.

Wie St. Medardus wittert,
solch Wetter dreißig Tage zittert.
Regnet's am Mäderlitag,
so regnet's 21 Tag'.

Medardus ist ein nasser,
hält so schlecht das Wasser.

Heller Medardustag
stillet des Bauern Klag'.

Regnet's an Medardi-Tag,
so regnet's 40 Tag danach.

Wie das Wetter zu Medardi hält,
es bis zum Mondschluss anhält.

Was St. Medardi
für Wetter hält,
solch Wetter auch
in die Ernte fällt.

Hat Medardi am Regen Behagen,
will er ihn auch in die Ernte jagen.

10. Juni

Eventuell beziehen sich einige Regeln,
die unter dem 20. Juli stehen,
auf diesen Tag,
da vormals der 10. Juni
der Margaretentag war.

Am Margaretentage Regen,
ist ein schlechter Erntesegen.

Hat Margret keinen Sonnenschein,
dann kommt das Heu nie trocken rein.

Margaret und Vit[us] (15. 6.),
bringen kalten Regen mit.

11. Juni

Regnet es an Barnabas,
schwimmen die Trauben bis ins Fass.

Mit der Sens' der Barnabas,
schneidet ab das längste Gras.

St. Barnabas macht,
wenn er schön ist wieder gut,
was er verdorben hat.

St. Barnabas macht,
wenn er günstig ist,
wieder gut was verdorben ist (Heu).

Ist es nass,
dann trockener Sommer ade!

St. Barnabas sorgt für das Gras, und an seinem Tag
gehört die Sense auf die Wiese,
aber auch die Sonne an den Himmel.

13. Juni

Wenn an St. Anton gut Wetter lacht,
St. Peter (29. 6.) viel Wasser macht.

15. Juni

Hat der Wein abgeblüht auf St. Vit,
bringt er ein schönes Weinjahr mit.

St. Vit bringt den Regen mit.

Hat St. Vitus starken Regen,
bringt er unermesslich Segen.

Wenn St. Veit's Häfele umschüttet,
so schüttet er 's auf vier Wochen um.

Wie das Wetter ist an St. Veit,
so ist es nachher lange Zeit.

St. Vit bringt die Fliegen mit.

Oh heiliger St. Veit, regne nicht,
dass es uns nicht
an Obst und Wein gebricht.

Die Nachtigall singt
nur bis zum Vitustag.

Wer den Lein säet nach Vit,
geht der Saat quitt;
wer ihn säet vor Medar,
ist ein Narr.

16. Juni

Wer auf St. Benno baut,
kriegt viel Flachs und Kraut.

19. Juni

Wenn's regnet an St. Gervasius,
es vierzehn Tage regnen muss.

24. Juni

Schreit der Kuckuck
noch lange nach Johanni,
so folgt ein schlechtes, teures Jahr.

Der Kuckuck kündet teure Zeit,
wenn er nach Johanni schreit.

Regnet's Johannistag auch nur leise,
dann regnet es Mäuse.

Vorm Johannitag
die Gerste man nicht haben mag.

Regen am Johannitag,
gibt viele Körner in den Sack.

Der Johanni bitt' um Regen,
danach kommt er ungelegen.

Johannisregen
bringt keinen Segen.

Wenn an Johannis die Linde blüht,
ist an Jakobi (27. 7.) das Korn reif.

Tritt auf Johanni Regen ein,
so wird der Nusswachs
nicht gedeihen.

Regnet's am Johannistag,
so regnet es noch 14 Tag.

Wenn Johannes ist geboren,
gehen die langen Tage verloren.

Johannis kann dem Winter
wieder die Tür aufmachen.

27. Juni

Schlafen die Siebenschläfer
im Regen,
wird's ihn noch sieben
Wochen geben.

Regnet's Siebenschläfer,
regnet's sieben Wochen.

Das Wetter am Siebenschläfertag
sieben Wochen bleiben mag.

Ist der Siebenschläfertag nass,
regnet's ohne Unterlass.

Wenn das Wetter
vor Johanni grob,
ist's nach Johanni lind.

29. Juni

Schön zu St. Paul,
füllt Scheune und Maul.

Regnet's am St. Petertag,
so drohen dreißig Regentag.

Ist St. Peter und Pauli klar,
gibt's ein gutes Jahr.

Petrus schwimmt entweder
im Schiffe dahin
oder im Schiffe daher.

Regnet's am Tag von Peter und Paul,
steht es mit dem Wetter faul.

Es drohen dreißig Regentage,
da nützt nun mal keine Klage.

Um Peter und Paul
wird dem Korn schon mal
die Wurzel faul.

An Peter und Paul
reift das Korn auch bei Nacht.

JUNI

Allgemeine Juni-Regeln

Bleibt der Juni kühl,
wird dem Bauern schwül.

Fällt Juniregen
in den Roggen,
so bleibt der Weizen
auch nicht trocken.

Im Juni bleibt man gerne stehn,
um nach dem Regen auszuseh'n.

Im Junius gib acht:
Lass deine Scheuern putzen,
steck Pflanzen vor dem Kraut,
so wachsen sie mit Nutzen!

Juniregen – reicher Segen!

JUNI

Nasse Pfingsten, fette Weihnachten.

Nordwind, der im Juni weht,
nicht im besten Rufe steht.

Kommt er an mit kaltem Gruß,
bald Gewitter folgen muss.

Pfingstregen gibt Weinsegen.

Soll gedeihen Korn und Wein,
muss im Juni Regen sein.

Viermal Juniregen –
bringt zwölffach Segen.

Wenn die Junihitze sich stellt,
stellt sich auch die Dezemberkält.

Wenn es zu Pfingsten regnet,
regnet es sieben Sonntage
hintereinander.

Wenn nass und kalt der Juni war,
verdirbt er meist das ganze Jahr.

Wie soll das Juniwetter sein?
Schön warm,
mit Regen und mit Sonnenschein.

IACOB HEWMON.

JULI

2. Juli

Regnet's am Heimsuchungstag,
gibt's vierzig Tage Regenplag.

Heimsuchung wird's bestellt,
wie das Wetter vierzig Tage hält.

Geht Maria über's Gebirge nass,
dann regnet's ohne Unterlass,
ist's aber schön an diesem Tag,
viel Frucht man sich versprechen mag.

Geht Maria über's Gebirge bei Sonnenschein,
so wird der Juli trocken sein.

3. Juli

Wenn 's am Ulrichstage donnert,
so fallen die Nüsse vom Baum.

Regen am Ulrichstag
macht die Birnen wurmstichig.

8. Juli

Ist's zu St. Kilian schön,
werden viele gute Tage vergehn.

St. Kilian säe Wicken
und Rüben an.

Kilian, der heil'ge Mann,
stellt die ersten Schnitter an.

Auf St. Kilian fangt man
mit dem Schneiden an.

Am Tage vor St. Kilian,
da säe deine Wicken an.

Sankt Kilian, Sankt Kilian,
du bist der echte Rübenmann.

10. Juli

Wie das Wetter am Siebenbrüdertag,
so soll es fünfzig Tage lang sein.

Wie das Wetter am Siebenbrüdertag,
so bleibt es sieben Wochen danach.

Die 7 Brüder 's Wetter machen,
ob sie weinen oder lachen.

Das Wetter vom Siebenbrüdertag,
bis zum August sich nicht wenden mag.

15. Juli

Ist Apostelteilung schön,
so kann der 7 Brüder Wetter geh'n.

17. Juli

Ist es an Alexi klar,
wird's ein gutes Erntejahr.
Wenn's an Alexius regnet,
so fault das Getreide
auf der Mauer.

19. Juli

Vinzenz Sonnenschein,
füllt die Fässer voll mit Wein.

Hat St. Vinzenz starken Regen,
kommt das allen ungelegen.

20. Juli
(Margarethe – früher 10. Juni)

Wie das Wetter an St. Margareth,
dasselbe vier Wochen steht.

Gegen Margarethen
und Jakoben (25. 7.)
die stärksten Gewitter toben.

Regen am St. Margarethentag
verursacht vierwöchiges Regenwetter.

Die erste Birn bricht Margreth,
darauf überall die Ernt' angeht.

Margarethenregen wird erst
nach Monatsfrist sich legen.

Regen am Margarethentag,
sagt dem Hunger guten Tag.

Wird's Margreth zum Geburtstag nass,
füllt sie vier Wochen das Regenfass.

Hat Margarethe keinen Sonnenschein,
kommt das Heu nicht trocken rein.

22. Juli

Magdalena weint um den Herrn,
darum regnet's an diesem Tag gern.

Regnet's am Magdalenentag,
folgt gewiss mehr Regen nach.

Wie Maria (26. 3.) fortgegangen,
wird Magdalena sie empfangen.

Magdalena weinet gern,
denn sie klagt um ihren Herrn.

Wie Maria (2. 7.) fortgegangen,
wird Magdalena sie empfangen.

Am Tag der heiligen Magdalen
kann man schon volle Nüsse sehn.

23. Juli

Klar muss Apollinaris sein,
soll der Bauer sich freun.

Hundstagebeginn hell und klar,
zeigt an ein gutes Jahr.

Wie das Wetter,
wenn der Hundsstern aufgeht,
so wird's bleiben, bis er untergeht.

Klar muss Apollmaris sein,
dann bringt man gute Ernte heim.

25. Juli

Ein trockener Jakobitag
verheißt einen strengen Winter.

Um Jakobi heiß und trocken,
kann der Bauersmann frohlocken.

Jakobi klar und rein,
wird's Christfest kalt und frostig sein.

Vor Jakobi eine Rübe, nach Jakobi ein Rübchen.

Ist es hell am Jakobtag,
viel Frucht man sich versprechen mag.

Sind um Jakobi die Tage warm,
gibt's im Winter viel Kält' und Harm.

Bläst Jakobus weiße Wölkchen in die Höh',
sind's Winterblüten zu viel Schnee.

Regnet's an St. Jakobstag,
fehlt die Nuss mit einem Schlag.

Jakobi nimmt hinweg all Not,
bringt Kartoffeln und frisches Brot.

Wenn Jakobi tagt,
werden die jungen Störche vom Nest gejagt.

Wenn Jakobi kommt heran,
man den Roggen schneiden kann.

Zu Jakobi wachsen die Rüben
unten und oben.

Wenn Jakobi an den Wolken rüttelt,
er auch brav die Eicheln schüttelt.

Wenn Knecht und Magd mit Jakobus schwitzen,
müssen sie mit St. Katharina
(25. 11.) hinterm Ofen sitzen.

26. Juli

Ein harter Winter soll kommen,
wenn die Ameisen ihre Haufen
auf St. Annatag aufwerfen.

Ist St. Anna erst vorbei,
kommt der Morgen kühl herbei.

Anna warm und trocken,
macht den Bauern frohlocken.

Hat es an St. Anna
hohe Ameisenhaufen,
musst du um Holz
für den Winter laufen.

Werfen die Ameisen
an St. Anna höher auf,
so folgt ein strenger
Winter drauf.

An St. Ann' fangen
die kühlen Morgen an.

31. Juli

So wie Ignaz stellt sich ein,
wird der nächste Jänner sein.

Julisonne arbeitet für zwei;
was der Juli nicht siedet,
kann der August nicht braten.

Was Juli und August
nicht braten,
lässt der September
ungeraten.

Was der Juli verbricht,
rettet der September nicht.

Allgemeine Juli-Regeln

Bei Donner man im Julius
viel Regen noch erwarten muss.

Der Juli trägt den Reisekorb
in einer Hand durchs ganze Land.

JULI

Die Julisonne hat
noch keinen Bauern
aus dem Lande geschienen.

Einer Reb und einer Geiß
ist's im Juli nie zu heiß.

Genauso wie der Juli war,
wird nächstes Mal der Jänner.

Heißer Juli verheißt guten Wein.

Im Juli warmer Sonnenschein,
macht alle Früchte reif und fein.

Juli recht heiß,
lohnt sich Mühe und Schweiß.

Macht im Juli die Ameis
groß den Hauf',
folgt ein strenger Winter drauf.

Nur in der Juliglut
werden Obst und Wein gut.

Ohne Tau keinen Regen,
so heißt es im Juli allerwegen.

JULI

Regnet's zum Juli hinaus,
guckt der Bauer nicht gern
aus dem Haus.

Schnappt im Juli
das Weidevieh nach Luft,
riecht es schon Gewitterduft.

So golden im Juli die Sonne scheint,
so golden sich der Roggen neigt.

Was du an einem Tag
versäumest im Juli,
das schaffen im August
zehn Tage nicht herbei.

Wenn abends tanzt die Nebelfrau
und morgens liegt auf Gräsern Tau,
wird heiß die Sonn' am Tage sein,
werden Bohnen und Gurken
üppig gedeih'n.

JULI

Wenn der Juli fängt zu tröpfeln an,
so wird man lange Regen hab'n.

Wenn die Ameisen im Juli
ihre Haufen höher machen,
so folgt ein strenger Winter.

Wenn Fledermäuse emsig
am Abend fliegen,
wird im Juli das gute Wetter siegen.

LAVRENCIVS AVGSTMON.

AUGUST

1. August

Zu Petri Kettenfeier ziehen die Störche fort.

4. August

Wenn's heiß ist an Dominikus,
ein strenger Winter folgen muss.

Je mehr der heil'ge Dominikus schürt,
desto ärger man im Winter friert.

Hitze am St. Dominikus,
ein strenger Winter kommen muss.

Um Dominik wachsen die Rüben dick.

5. August

Regen an Maria Schnee,
tut den Kornähren viel weh.

Oswaldtag muss trocken sein,
sonst wird teuer Korn und Wein.

Zu Oswald wachsen die Rüben bald.

Regen an Maria Schnee,
tut dem Korne tüchtig weh.

10. August

Regnet's am St.-Laurenz-Tag,
gibt es große Mäuseplag.

Sollen Trauben und Obst
sich mehren, müssen mit Lorenz
die Gewitter aufhören.

Wenns am Laurenzi
und Bartholomä (24. 8.) schön ist,
so wird's auch im Herbst so.

Wie Lorenz und Barthel (24. 8.) sind,
wird der Winter – rauh oder lind.

Laurenzi kommt in finsterer Nacht
ganz sicher mit
Sternschnuppenpracht.

Laurenzi gut,
einen schönen Herbst verheißen tut.

St. Lorenz, erster Herbsttag.

Wer Stoppelrüben will essen,
darf Lorenz nicht vergessen.

An Laurentius man pflügen muss.

Wie es Lorenz und
Barthel (24. 8.) sind,
wird der Herbst,
sei's rauh, sei's lind.

Die Äpfel werden
von Lorenzi gesalzen
von Bartholomä (24. 8.)
geschmalzen.

St. Lorenz mit heißem Hauch,
füllt dem Winzer
Fass und Schlauch.

Um Laurentius tritt der Honig
in die Heide,
die Bienen brauchen
kein Futter mehr.

Kommt Laurentius her,
wächst das Holz nicht mehr.

13. August

Wie das Wetter an St. Kassian,
so hält es mehrere Tage an.

Wie das Wetter an Hippolyt,
so es mehrere Tage geschieht.

15. August

Mariä Himmelfahrt Sonnenschein,
bringt meistens uns viel guten Wein.

Um Mariä Himmelfahrt, das wisse,
gibt es die ersten Nüsse.

Ist Maria Himmelfahrt
der Himmel rein
wird die Ernte gut gedeihn.

Wie das Wetter am
Maria Himmelfahrtstag,
so der ganze Herbst sein mag.

Hat unsere Frau gut Wetter,
wenn sie zum Himmel fährt,
sie uns schöne Tag beschert.

Krautweihe kommt
das Salz (Aroma)
in die Äpfel.

16. August

Wenn's zu Joachim regnet,
dann folgt ein warmer Winter.

Wenn St. Rochus trübe schaut,
kommt die Raupe in das Kraut.

24. August

Wenn's an Laurenzi (10. 8.)
und Bartholomä schön ist,
so wird's auch im Herbst so.

Wie sich das Wetter
am Bartheltag stellt ein,
so soll's den ganzen
September sein.

Bleibt St. Bartholomäus im Regen steh'n,
ist ein guter Herbst vorauszuseh'n.

Regen an St. Bartholomä tut den Trauben weh.

Wie Lorenz (10. 8.) und Barthel sind,
wird der Winter – rauh oder lind.

Der Barthelmann
bringt dem Hopfen die Dolden an.

Bartholomä hängt dem Hopfen
die Trollen an.

Bleiben Störche und Reiher noch nach Bartholomä,
kommt ein Winter, der tut nicht weh.

Bartholomäus hat's Wetter parat,
für den Herbst und zur Saat.

Bartholomä,
wer Korn hat, der sä,
wer Gras hat, der mäh,
wer Hafer hat, der rech,
wer Äpfel hat, der brech.

Zu St. Bartholomäus geht man
im Sommer in die Kirche
und kommt im Herbst wieder raus.

Wie Bartholomäus-Tag sich hält,
so ist der ganze Herbst bestellt.

Der Bartholomäussturm
schlägt das Obst von den Bäumen.

Gewitter um St. Bartholomä
bringt Hagel, der tut weh.

Bleiben die Störche bis Bartholomä,
so kommt ein Winter,
der tut nicht weh.

28. August

Um die Zeit des Augstin
ziehn die warmen Tage dahin.

31. August

St. Raimund treibt die Wetter aus.

Allgemeine August-Regeln

August muss Hitze haben,
sonst wird des Obstbaums
Segen begraben.

Blühen im August
die Frühlingsblumen,
bedeutet das
einen gelinden Winter.

Der Tau tut dem August so not,
wie jedermann das täglich Brot.
Entzieht er sich gen Himmel,
herab kommt ein Getümmel.

Im August beim ersten Regen,
pflegt die Hitze sich zu legen.

Im August soll man den Knoblauch
aus der Erde nehmen.

AUGUST

Ist's in der ersten Augustwoche heiß,
so bleibt der Winter lange weiß.

Macht der August uns heiß,
bringt der Winter viel Eis.
Nie hat der September
zu braten vermocht,
was der August nicht gekocht.

Was der August nicht kocht,
lässt der September ungebraten.

Wenn der August nicht kocht,
kann der September nicht braten.

Wenn im August
der Nordwind weht,
das Wetter lange schön besteht.

Wenn im August viele
Goldkäfer laufen,
braucht der Wirt
den Wein nicht zu taufen.

Wenn's im August stark tauen tut,
bleibt das Wetter meistens gut.

Wie der August war,
wird der künftige Februar.

Wettert es im August,
du nassen Winter erwarten musst.

EGIDIVS HERBSTMON

SEPTEMBER

1. September

Ist's am Ägidiustage schön,
dann wird auch der Herbst
gut besteh'n.

Wie an Sankt Ägidius
vier Wochen das Wetter
bleiben muss.

Ist's an St. Ägidi rein,
wird's so bis Michaeli (29. 9.) sein.

Wie Ägidius sich verhält,
so ist der ganze Herbst bestellt.

Ist Ägid ein heller Tag,
ich dir schönen Herbst ansag.

Willst du Korn im Überfluss,
säe an Ägidius.

Wenn du's säst ins freie Land,
vor und nach des Neumonds Stand,
wächst wenig Unkraut und kein Brand.

Wenn Ägidius bläst ins Horn,
heißt es: Bauer, sä' dein Korn!

Wie Sankt Ägidius das Wetter hält,
so soll es den ganzen Monat bleiben.

Wie der Hirsch an Ägidi in die Brunft tritt,
so tritt er an Michaeli wieder heraus.

Gib auf Ägidi-Tag wohl acht,
er sagt dir, was der Monat macht.

Ist der erste hübsch und rein,
wird's der ganze Monat sein.

5. September

Lorenz im Sonnenschein,
wird der Herbst gesegnet sein.

6. September

St. Mang schlägt's Kraut mit der Stang'.

Wie's Wetter ist am Magnus-Tag,
es vier Wochen bleiben mag.

7. September

Ist's St. Regina warm und wonnig,
bleibt das Wetter lange sonnig.

8. September

Mariä Geburt gehen die Schwalben furt.

Um Mariä Geburt
ziehen die Schwalben furt,
bleiben sie noch da,
ist der Winter nicht nah.

Maria gebor'n, sähe Weizen und Korn.

Wie sich das Wetter an Mariä Geburt verhält,
ist es noch vier Wochen bestellt

9. September

Bringt St. Gorgon Regen,
folgt ein Winter mit wenig Segen.

Ist es an St. Gorgon schön,
wird man noch 40 schöne Tage sehn.

Bringt St. Gorgonius Regen,
folgt ein Herbst auf bösen Wegen.

St. Gorgonius treibt die Lerche davon.

Regnet es am St. Gorgonius-Tag,
geht die Ernte verloren bis auf den Sack.

11. September

Wenn's an Protus nicht nässt,
ein dürrer Herbst
sich erwarten lässt.

Bischof Felix zeiget an,
was wir in 40 Tag für Wetter han.

12. September

An Mariä Namen,
sagt der Sommer Amen.

14. September

Ist's hell am Kreuzerhöhungstag,
dann folgt ein strenger Winter nach.

16. September

St. Ludmilla, das fromme Kind,
bringt gern Regen und Wind.

17. September

Trocken wird das Frühjahr sein,
ist Lambertus klar und rein.

Bringt Lambertus Regen,
folgt ein Herbst mit wenig Segen.

21. September

Ist Matthäus hell und klar,
gute Zeiten bringt's fürwahr.

Wie es Matthäus treibt,
es vier Wochen bleibt.

Wenn Matthäus weint statt lacht,
er aus dem Wein oft Essig macht.

Ist Matthäus Sonnenschein,
gibt es nächstes Jahr viel Wein.

Tritt Matthäus stürmisch ein,
wird's bis Ostern Winter sein.

Matthäus packt die Bienen ein.

Tritt Matthäus stürmisch ein,
wird's ein kalter Winter sein.

Matthäus macht
Tag und Nacht gleich.

Matthäus hell und klar,
bringt guten Wein im nächsten Jahr.

22. September

Zeigt sich klar Mauritius (Moritz),
viele Stürm' er bringen muss.

Ist St. Moritz hell und klar,
stürmt der Winter, das ist wahr.

25. September

Regnet's oder nebelt's
an St. Kleophas,
so wird der ganze Winter nass.

26. September

St. Kosmas und St. Damian,
fängt das Laub zu färben an.

28. September

So oft es vor St. Wenzel friert,
so oft die Kält' nach Philippi (26. Mai)
und Jakobi (25. Juli) klirrt.

29. September

Wenn die Zugvögel
nicht ziehen vor Michael,
wird es nicht Winter vor Weihnachten.

Sind um Michael die Vögel noch hier,
haben bis Weihnachten lind Wetter wir.

Maria (26. 3.) pustet das Licht aus
und Michael steckt es wieder an.

Bringt St. Michael Regen,
kannst du gleich den Pelz anlegen.

Auf nassen Michaelitag
ein nasser Herbst folgen mag.

Michel steckt das Licht an,
das Gesind muss zum Spinnen heran.

Regnet's an Michaeli ohne Witter,
so folgt meist ein milder Winter;
ist es aber an diesem
und an Gallus (16. 10.) trocken,
so darf man auf ein gutes
und trockenes Frühjahr hoffen.

Auf St. Michael beende die Saat,
sonst wirst du's bereuen zu spat.

St. Michael zündet's Licht an,
damit das Mädchen spinnen kann.

Michael mit Nord und Ost,
kündet scharfen Winterfrost.

Kommt Michael heiter und schön,
wird es noch vier Wochen
so weiter geh'n.

Um Michaeli in der Tat,
gedeiht die beste Wintersaat.

Wenn Michael viel Eicheln bringt,
Weihnachten die Felder
mit Schnee dann düngt.

Wenn die Vögel nicht ziehen
vor Michaeli,
wird's nicht Winter
vor Christi Geburt.

Kommt St. Michael heiter und schön,
so wird es noch vier Wochen so gehn.

Wenn der Erzengel
seine Flügel badet,
regnet es bis Weihnachten
und man kann auf mildes Wetter hoffen.

Regnet's sanft am Michaelstag,
nasser Herbst gern folgen mag.

Stehen zu Michaelis die Fische hoch,
kommt viel schönes Wetter noch.

An Michaeli kauft man gern Vieh.

Allgemeine September-Regeln

An schönen Herbst und
gelinden Winter glaubt,
werden die Bäume schon
im September entlaubt.
Doch bleibt das Laub
bis zum September hinein,
wird strenger Winter,
kein kurzer sein.

Am Septemberregen
ist dem Bauern viel gelegen.

Der September ist der Mai
des Herbstes.

Durch des Septembers heiteren Blick
schaut noch einmal der Mai zurück.

Ein guter Septemberregen
kommt nie ungelegen.

Frische Septemberluft
den Jäger zum Jagen ruft.

Im September schwitzen – im Dezember sitzen.

Im September soll man
junge Birken pflanzen.

Sitzen die Birnen Anfang September
noch fest am Stiel,
bringt der Winter Kälte viel.

Im September viel Schleh –
im Winter viel Schnee.

Septemberdonner prophezeit
gar viel Schnee zur Weihnachtszeit.

Septemberregen – dem Bauern Segen,
dem Winzer Gift, wenn er ihn trifft.

September schön in den ersten Tagen,
will den ganzen Herbst ansagen.

September warm – Oktober kalt.

September warm und klar,
verheißt ein gutes nächstes Jahr.

Sind im September
noch viele Fliegen an der Wand,
so hält die Sonne dem Froste stand.

Soll der September
den Bauern erfreun,
so muss er gleich dem Märze sein.

Viele Eicheln im September,
viel Schnee im Dezember.

Wenn der September
noch donnern kann,
so setzen die Bäume
viel Blüten an.

Wenn im September
viele Spinnen kriechen,
sie einen harten Winter riechen.

SIMON WEINMON.

OKTOBER

1. Oktober

Regen an St. Remigius,
bringt für den
ganzen Monat Verdruss.

2. Oktober

Weht der Wind an Leodegar,
kündet er an ein fruchtbar Jahr.

Laubfall an Leodegar,
kündet an ein fruchtbar Jahr.

9. Oktober

Regnet's an St. Dionys,
so regnet's den ganzen
Winter gewiss.

11. Oktober

St. Burkhard Sonnenschein,
schüttet Zucker in den Wein.

15. Oktober

Zu Theres' ist die Weinles'.

16. Oktober

Wenn St. Gallus Regen fällt,
der Regen sich bis Weihnacht hält.

Am St. Gallus-Tag
den Nachsommer man erwarten mag.

Auf St. Gallentag
muss jeder Apfel in seinen Sack.

St. Gallen lässt den Schnee fallen.

Ist St. Gallus trocken,
folgt ein Sommer mit nassen Socken.

St. Galliwein – Bauernwein.

Auf St. Gall bleibt die Kuh im Stall.

Wenn Gallus kommt
hau ab den Kohl,
er schmeckt im Winter trefflich wohl.

Ist's St. Gallus nass,
ist's für den Wein kein Spaß.

Hedwig und St. Gall
machen das schöne Wetter all.

Mit Hedwig tritt Saft in die Rübe.

St. Hedwig und St. Gall,
schweigt der Vögel Sang und Schall.

Am St. Gallustag den Nachsommer
man erwarten mag.

Regnet's am Gallustag nicht,
es im Frühling an Regen gebricht.

Zeigt das Kalenderblatt St. Gall,
gehört die Kuh in den warmen Stall,
und der Apfel in den Sack.

Zu St. Gall pflüg auf dem Berg und säe im Tal.

18. Oktober

Wer an Lukas Roggen streut,
es im nächsten Jahr bereut.

Ist St. Lukas mild und warm,
kommt ein Winter, dass Gott erbarm.

Von Lukas bis St. Simonstage,
zerstört der Raupennester Plage.

Am Lukastag soll das Winterkorn
schon in die Stoppeln gesät sein.

20. Oktober

St. Wendelin verlass' uns nie.
Schirm unsern Stall, schütz unser Vieh!

21. Oktober

St. Ursula Beginn
zeigt auf den Winter hin.

An Ursula muss das Kraut herein,
sonst schneien Simon und Juda
(28. 10.) hinein.

23. Oktober

Wenn's St. Severin gefällt,
bringt er mit die erste Kält'.

25. Oktober

Am Tag von St. Crispin sind die Fliegen hin.

28. Oktober

Ist Simon und Juda
kein Wind und Regen da,
so bringt ihn erst St. Cäcilia (22. 11.).

Wenn Simon und Judas vorbei,
so rücket der Winter herbei.

Simon und Judae
hängen in die Stauden Schnee.

Simon und Judas
fegen das Laub in die Gass.

Simon und Juda die zwei,
führen oft Schnee herbei.

Wenn Simon Judä schaut,
so pflanze Bäume, schneide Kraut.

Wer Weizen säet am Simon-Tage,
dem trägt er goldne Ähren, ohne Frage.

31. Oktober

St. Wolfgang Regen,
verspricht ein Jahr voll Segen.

Am Wolfgangregen ist viel gelegen.

Allgemeine Oktober-Regeln

Bleibt im Oktober das Laub am Ast,
viel Ungeziefer du
zu befürchten hast.

Durch Oktobermücken lass dich nicht berücken.

Ein Oktoberhimmel voller Stern'
hat warme Öfen gern.

Hält der Oktober das Laub lange fest,
so sorge für ein warmes Nest.

OKTOBER

Im Gilbhart räum den Garten,
denn willst du warten,
so kommt die Kälte
und nimmt die Hälfte.

Im Oktober der Nebel viel.
bringt der Winter Flocken viel.

Im Oktober Sturm und Wind,
uns den frühen Winter kündt.
Ist der Oktober freundlich mild,
ist der März dafür rauh und wild.

Ist der Oktober kalt,
so macht er für's nächste Jahr
dem Raupenfraße halt.

Ist Oktober warm und fein,
kommt ein scharfer Winter
hinterdrein.

Ist er aber nass und kühl,
mild der Winter werden will.

Nichts kann vor Raupen
mehr schützen
als Oktobereis in Pfützen.

Oktober, der fröhliche Wandersmann,
der pinselt Wald,
Weide und Hecken an.

Oktober macht die Pferde mager.

Oktober geht ein rauher Wind,
dann wärm' am Sauser dich geschwind.

Oktobergewitter sagen beständig,
der künftige Winter
sei wetterwendisch.

Oktobersonne kocht den Wein
und füllt auch große Körbe ein.

Oktober und März
gleichen sich allerwärts.

Oktoberwetter zeigt stets an,
wie's künftig um den März
wird stahn.

Schneit's im Oktober gleich,
wird der Winter weich.

OKTOBER

Warmer Oktober bringt fürwahr,
uns sehr kalten Februar.
Wenn Frost und Schnee
im Oktober war,
so folgt ein gelinder Jänner.

Wenn im Oktober viel Füchse bellen,
rufen sie großen Schnee herbei.

Wenn man abends im Oktober
die Schafe mit
Gewalt eintreiben muss
so fällt im Winter viel Schnee.

Wenn's im Oktober friert und schneit,
bringt der Jänner eine milde Zeit.

Wie im Oktober die Regen hausen,
so im Dezember die Stürme brausen.

MARTINVS WINTERMON

NOVEMBER

1. November

An Allerheiligen sitzt der Winter
auf den Zweigen.

Wenn's an Allerheiligen schneit,
halte deinen Pelz bereit.

Schnee am Allerheiligentag
selten lange liegen mag.

Bringt Allerheiligen einen Winter,
so bringt Martini (11. 11.)
einen Sommer.

Allerheiligen klar und helle,
sitzt der Winter auf der Schwelle.

Zu Allerheiligen Sonnenschein,
tritt der Nachsommer ein.

Hat Allerheiligen Sonnenschein,
wird Martini um so kälter sein.

Ist's zu Allerheiligen rein
tritt noch Altweibersommer ein.

Um Allerheiligen kalt und klar,
macht auf Weihnacht alles starr.

Allerheiligen bringt
den Nachsommer,
aber meistens sehen sich
alle Heiligen nach dem Winter um.

Ist zum Allerheiligen
der Buchen- und Birkenspan trocken,
müssen wir im Winter
hinter dem Ofen hocken.
Ist aber der Span nass und nicht leicht,
so wird der Winter statt kalt
lind und feucht.

An Allerheiligen geh' in den Wald,
nimm von der Birke einen Span,
und da siehst du es ihm gleich an,
ob der Winter warm ist oder kalt:
ist der Span trucken,
wird ein warmer Winter anrucken;
aber ist er nass genommen,
wird ein kalter Winter kommen.

Schnee am Allerheiligen-Tag,
selten langen liegen mag.

2. November

In der Allerseelennacht
zeigen Geister ihre Macht.

Der Allerseelentag
will drei Tropfen Regen hab'n.

Um Allerseelen kalt und klar,
macht auf Weihnacht alles starr.

3. November

Bringt der Hubertus Schnee und Eis,
bleibt's den ganzen November weiß.

6. November

Wenn auf Leonhardi Regen fällt,
ist's mit dem Weizen schlecht bestellt.

Wie's Wetter an Leonhardi ist,
bleibt's bis Weihnachten gewiss.

Wie sich der Heilige Leonhardi stellt,
im Nebelung das Wetter hält.

Nach der vielen Arbeit Schwere,
an Leonhardi die Rösser ehre.

11. November

Martinstag trüb,
macht den Winter lind und lieb;
ist er hell,
so macht er das Wasser zur Schell.

Wenn um Martini viel Nebel sind,
so wird der Winter meist gelind.

Wer will wohl verstehen das,
ob der Winter wird dürr oder nass,
der den Martinstag betracht',
das Siebengestirn auch nehm' in acht;
auf ein nass Wetter zur Hand,
folgt ein Winter im Unbestand,
wenn aber die Sonne scheint wohl,
ein harter Winter folgen soll.

Um Martini schlachtet
der Bauer sein Schwein,
das muss bis Lichtmess gegessen sein.

Wolken am Martinitag,
der Winter stürmisch werden mag.

Ist um Martini der Baum schon kahl,
macht der Winter keine Qual.

Wenn's Laub nicht vor Martini fällt,
kommt eine große Winterkält'.

Bringt St. Martin Sonnenschein,
tritt ein harter Winter ein.
Schneit es über Martini ein,
so wird eine weiße Weihnacht sein.

Hat Martini weißen Bart,
wird der Winter lang und hart.

Martinstag trüb,
macht den Winter lind,
ist er aber hell,
macht er Eis gar schnell.

Ist's an Martini nicht trocken und kalt,
die Winterkält' nicht lange anhält'.

Zieht Martini die Spinne ins Gemach,
kommt ihr gleich der Winter nach.

Wenn um Martini Nebel sind,
wird der Winter meist gelind.

Bringt Allerheiligen einen Winter,
so bringt Martini einen Sommer.

Ist um St. Martin
der Baum schon kahl,
macht der Winter keine Qual;
wenn das Laub
nicht vor Martini abfällt,
sich ein harter Winter lange hält.

Ist die Martinsgans am Brustbein braun,
wird man mehr Schnee als Kälte schau'n;
ist sie aber weiß,
so kommt weniger Schnee als Eis.

15. November

Der Hl. Leopold ist dem
Altweibersommer hold.

19. November

St. Elisabeth sagt's an,
was der Winter für ein Mann.

Es kündet St. Elisabeth,
was für ein Winter vor uns steht.

21. November

Mariä Opferung klar und hell,
macht den Winter streng ohne Fehl.

Mariä Opfergang klar und hell,
gibt's im Winter Wolfsgebell.

Ist an Mariä Opferung
das Wetter schön bestellt,
dass die Biene Ausflug hält,
so ist das nächste Jahr fürwahr,
ein böses, teures Hungerjahr.

Mariä Opferung hell und rein,
bringt einen harten Winter ein.

Wenn an Mariä Opferung
die Bienen fliegen,
ist das nächste Jahr ein Hungerjahr.

23. November

St. Klemens uns den Winter bringt.

Dem Hl. Klemens traue nicht,
denn selten hat er ein mild' Gesicht.

25. November

Schafft Katharina
vor Frost sich Schutz,
so wartet man lange
draußen im Schmutz.

Wie's um Katharina, trüb oder rein,
wird auch der nächste Februar sein.

So wie der Tag zu Kathrein,
so wird der nächste Jänner sein.

Wenn auf Kathrein kein Schneefall ist,
auf St. Andreas (30. 11.)
kommt er gewiss.

Wenn's schon wintert
am Katharinen-Tag,
kommt der Eismond (Jänner)
sehr gemach.

Wäscht Kathrein, so trocknet Andreas.

An Kathrein tu deine Schafe rein.

27. November

Friert es auf Virgilius,
im Märzen Kälte kommen muss.

Wenn es an St. Virgil friert,
der Hornung auch vor Kälte klirrt.

Wenn es friert auf St. Virgil,
bringt der März noch Kälte viel.

Frost ohne Schnee in der Adventszeit
bringt viel und gutes Wintergetreid'.

30. November

Andreas hell und klar,
bringt ein gutes Jahr.

Wirft herab Andreas Schnee,
tut's dem Korn und Weizen weh.

Der Andreasschnee liegt 100 Tage,
wird für Klee und Korn zur Plage.

St. Andreas macht das Eis.
St. Georg (23. 4.) bricht das Eis.

Schau in der Andreasnacht,
was für Gesicht das Wetter macht:
So wie es ausschaut, glaub's fürwahr,
bringt's gutes oder schlechtes Jahr.

Hält St. Andrä den Schnee zurück,
so schenkt er reiches Saatenglück.

Allgemeine November-Regeln

Blühen im November
die Bäume aufs neu,
währet der Winter
bis zum Mai.

Bringt November Morgenrot,
der Aussaat dann viel Schaden droht.

Der November bringt
Nebel und Schnupfen und Husten,
man muss sich fast zu Tode prusten.

Fliegen im November
noch Sommerfäden,
wirst du lang' nicht
vom Frühling reden.

Friert im November früh das Wasser,
dann wird der Jänner umso nasser.

Ist November die Buche im Saft,
viel Nässe dann der Winter schafft.

Im November Mist fahren –
das Feld vor Mäusen bewahren.

NOVEMBER

Im November viel Nass,
auf den Wiesen viel Gras.

Im November wässere die Wiesen,
wenn das Gras soll reichlich sprießen.

Ist der November kalt und klar,
wird trüb und mild der Januar.

Je mehr Schnee im November fällt,
umso fruchtbringender wird das Feld.

Lässt der November
die Füchse bellen,
wird der Winter
viel Schnee bestellen.

November hell und klar,
ist nicht übel für's nächste Jahr.

November nass, bringt jedem was.

Novemberschnee
tut der Saat nicht weh.

November tritt oft hart herein,
muss nicht viel dahinter sein.
November warm und klar,
wenig Segen für's nächste Jahr.

Novemberwind
scheut Schaf und Rind.

Sitzt November feste im Laub,
wird das Wetter hart, das glaub.

Steigt im November das Gewässer,
steigt's allmonatlich noch besser.

Tummelt sich im November
die Haselmaus,
bleibt der Winter
noch sehr lange aus.

NOVEMBER

Wenn der November
blitzt und kracht,
im nächsten Jahr der Bauer lacht.

Wenn im November
der Buche Holz im Saft,
so wird der Regen
stärker als der Sonne Kraft.
Ist es aber starr und fest,
sich große Kälte erwarten lässt.

Wenn im November
die Stern' stark leuchten,
lässt dies auf baldige Kälte deuten.

NICOLAVS CRISTMON

DEZEMBER

1. Dezember

Fällt zu Eligius ein kalter Wintertag,
die Kälte wohl vier Monate dauern mag.

2. Dezember

Regnet's am Bibianatag,
regnet's vierzig Tag'
und eine Woch' danach.

4. Dezember

Auf Barbara die Sonne weicht,
auf Lucia (13. 12.)
sie wieder herschleicht.

St. Barbara mit Schnee,
im nächsten Jahr viel Klee

St. Barbara soll Blütenknospen zeigen.

Knospen an St. Barbara,
sind zum Christfest Blüten da.

Zweige schneiden an Barbara,
Blüten sind bis Weihnachten da.

Barbara im weißen Kleid,
verkündet gute Sommerzeit.

Wie Barbaratag, so der Christtag.

Geht Barbara im Klee,
kommt das Christkind im Schnee.

5. Dezember

St. Gerald wird es kalt.

6. Dezember

Regnet's am St. Nikolaus,
wird der Winter streng und graus.

Fließt Nikolaus noch Birkensaft,
dann kriegt der Winter keine Kraft.

St. Nikolaus spült die Ufer aus.

7. Dezember

Ist Ambrosius schön und rein,
wird Florian (22. 12.)
ein wilder sein.

8. Dezember

Zu Mariä Empfängnis Regen,
bringt dem Heu keinen Segen.

13. Dezember

Auf Barbara (4. 12.)
die Sonne weicht,
auf Lucia sie wieder herschleicht.

Lucia die längste Nacht vermag.

Wenn zu Luzia
die Gans geht im Dreck,
so geht sie am Christtag auf Eis.

Von St. Luzia bis zur heiligen Nacht,
der Tag sich um einen
Hahnenschritt größer macht.

Geht die Gans zu Luzia im Dreck,
dann geht sie zu Weihnachten auf dem Eis.

Kommt die heilige St. Luzia,
ist die Kälte auch schon da.

An St. Luzia ist der Abend
dem Morgen nah.

17. Dezember

Ist St. Lazar(us) nackt und bar,
wird ein gelinder Februar.

21. Dezember

Wenn St. Thomas dunkel war,
gibt's ein schönes neues Jahr.

Am Thomastag wächst der Tag
um einen Hahnenschritt.

St. Thomas bringt die längste Nacht,
weil er den kürzesten Tag gebracht.

Finstere St. Thomasnacht,
hat stets ein gutes Jahr gebracht.

Zwiebelschale dünn und fein,
soll der Winter milde sein.
Zwiebelschale dick und zäh,
harter Winter – herrjemine!

Wenn St. Thomas dunkel war,
gibt es ein schönes neues Jahr.

Friert es an St. Thomas,
fällt der Kornpreis,
ist es mild, steigt er.

24. Dezember
(Adam und Eva, Heiligabend)

Wie's Wetter zu Adam und Eva war,
so bleibt's wohl bis
zum End' vom Jahr.

Wie es Adam und Eva spendet,
bleibt das Wetter bis zum Ende.

Ist die Christnacht hell und klar,
folgt ein höchst gesegnet Jahr.

Christnacht im wachsenden Mond,
gibt ein Jahr, das sich lohnt.

Liegen Adam und Eva im Klee,
frieren sie zu Ostern im Schnee.

Wenn Christkindlein Regen weint,
vier Wochen keine Sonne scheint.

Sitzt die Krähe zu Weihnachten
im Klee,
sitzt sie zu Ostern oft im Schnee.

Ist's an Weihnachten lind und rein,
wird's ein langer Winter sein.

Weihnachten im Schnee – Ostern im Klee.

Wenn es ums Christfest
ist feucht und nass,
so gibt es leere Speicher und Fass.

Viel Wind in den Weihnachtstagen,
reichlich Obst die Bäume tragen.

Besser die Weihnacht knistern,
als wenn sie flüstern.

Wer sein Holz um Weihnachten fällt,
dem sein Gebäude zehnmal hält.

Wenn Weihnachten der Mond zunimmt,
dann ist das Jahr drauf gut gesinnt.

Grüne Weihnachten, dunkle Scheuern;
finstere Weihnachten, helle Scheuern.

Weihnachten klar, gutes Weinjahr.

Grüne Weihnacht – weiße Ostern.

25. Dezember

Grünen am Christtag Felder und Wiesen,
wird sie zu Ostern
der Frost verschließen.

Spielen am Christtag herum die Mücken,
wird im Juni Kälte uns drücken.

Am Christtag ist der Tag schon
wieder einen Hahnenschritt länger.

26. Dezember

Am Stephanstag soll's windstill sein,
sonst fällt die Hoffnung auf den Wein.

Bläst der Wind an Stephanus recht,
wird nächstes Jahr der Wein
gar schlecht.

Hat Stephanus Eis,
macht Georg (23. 4.) schon heiß.

Ist's in den 12 Nächten mild,
sind sie milden Winters Bild.
Weihnachten kalt,
kommt der Winter hart und bald.

28. Dezember

Schneit's am Unschuldigen Kindel,
fährt der Jänner in die Schindeln.

Haben's die Unschuldigen
Kindlein kalt,
so weicht der Frost
noch nicht so bald.

Ist's in den 12 Nächten mild,
sind sie wilden Winters Bild.

31. Dezember

Silvesternacht düster oder klar,
deutet auf ein neues Jahr.

Gefriert's an Silvester
zu Berg und Tal,
geschieht dies zum letzten Mal.

Wind vor Silvesters Nacht,
hat nie Wein und Korn gebracht.

Windstill muss Silvester sein,
soll der nächste Wein gedeih 'n.

Silvesterwind und warme Sunn',
wirft jede Hoffnung in den Brunn'.

Allgemeine Dezember-Regeln

Auf kalten Dezember
mit tüchtigem Schnee,
folgt ein fruchtbares Jahr
mit reichlichem Klee.

Dezember dunkel,
nicht sonnig und klar,
verheißt ein gutes fruchtbares Jahr,
ein nasser macht es unfruchtbar.

Dezember kalt mit Schnee,
gibt Frucht auf jeder Höh'.

Dezember veränderlich und lind,
bleibt der ganze Winter ein Kind.

Dezember warm, dass Gott erbarm!

Donnert's im Dezember gar,
kommt viel Wind das nächste Jahr.

Im Dezember sei der Winter kühn,
Weihnacht sei nur immer grün.

Ist der Dezember wild mit Regen,
hat das nächste Jahr wenig Segen.

Kalt' Dezember und fruchtbar Jahr,
sind vereinigt immerdar.

Schlacht' im Dezember nun
das wohlgemästete Schwein,
und räuchre Fleisch,
es wird für dich zur Speise sein.

Soll der Dezember den Bauern freuen,
so muss er kalt und schneereich sein.

DEZEMBER

Sturm im Dezember und Schnee,
dann schreit der Bauer juche!

Viel Wind und Nebel
in Dezembertagen,
schlechten Frühling
und schlechtes Jahr ansagen.

Wenn die Kälte in der ersten
Adventswoche kam,
so hält sie volle zehn Wochen an.

Wie der Dezember, so der Juni.

Abendrot Schönwetterbot' – Morgenrot mit Regen droht

Ein Pfarrer hat einmal gesagt: „Seit die Bauern sich nicht mehr an die zehn Gebote halten, hält Gott sich nicht mehr an die Wetterregeln."
Damals wie heute entscheidet das Wettergeschehen über eine gute oder schlechte Ernte. Aber während heute Wetterprognosen mithilfe von Satellitendaten und technisch hochwertigen Wetterstationen erstellt werden, mussten sich die Menschen früher auf ihre Beobachtungen der Natur und die dabei gesammelten Erfahrungen verlassen.
Für die Bauern war das Wissen über Zusammenhänge von Wetter und Natur lebensnotwendig. Alles drehte sich ums Wetter. Aussaat und Ernte wurden auf Tage verlegt, an denen das Wetter beständig war, denn durch Missernten erkrankten und starben Tausende an Hunger und Unterernährung. Das Bangen und Hoffen um eine gute Ernte prägte den Sinn für Wetterbeobachtungen. Da viele nicht lesen konnten, wurde das Wissen in Form von Sprüchen und Reimen über Jahrhunderte mündlich überliefert. So bewahrte man das Gehörte und behielt im Kopf, zu welchen Zeiten Sonne oder Regen für entsprechende Folgewirkungen gut oder schlecht waren.

Schon Babylonier, Ägypter, Griechen und Römer beschäftigten sich mit Wetterdeutung und -vorhersage. Dr. Mauritius Knauer, der Abt eines Zisterzienserklosters in Oberfranken, studierte alte arabische und griechische Schriften. Daraus entnahm er, dass Sterne, Planeten und Monde nicht nur das Schicksal der Menschen beeinflussen, sondern auch das Wetter und das Klima bestimmen. Erfolg oder Misserfolg von Ernten hing also sozusagen von den Sternen ab. Knauer beobachtete ab 1652 über einen Zeitraum von sieben Jahren das Wetter und die Sterne und kam zum Schluss, dass sich das Wetter alle sieben Jahre wiederhole und daher für eine dauerhafte Wettervorhersage ausreicht. Der Abt erstellte und berechnete eine Planetentafel von 1600 bis 1912 und nannte seine Aufzeichnungen „calendarium oeconimicum practicum perpetuum" – „Immerwährender Kalender". Verfasst hatte er das Werk für die landwirtschaftlichen Betriebe des Klosters. Der Erfurter Arzt Dr. Christoph von Hellwig verkürzte und berechnete die Planetentafel von Knauer auf 100 Jahre (1701 - 1800). Daraus entstand der „Hundertjährige Kalender", der 1720 erstmals gedruckt wurde. Als Ersatz für Wetterkarte und Wettervorhersage fehlte er früher in keinem Haushalt.

„Wetterfrösche" sind nach heutiger Erkennntis für die Vorhersage des Wetters ungeeignet. In Frühkulturen galten Frösche als regenbringendes Symbol, da ihre Lebensräume Feuchtgebiete sind.

Die Wetterregel von den „hochfliegenden Schwalben“ lässt sich dagegen einfach erklären: Fliegen Schwalben weit oben, zeigt dies gutes Wetter an. Fliegen sie tief, ist dies ein Zeichen für Regenwetter. Die Schwalben jagen bei schönem Wetter in luftigen Höhen Insekten. Wird es kühl und kommt Wind auf, fliegen Insekten vor allem über dem Boden und im Schutz von Häusern. Die Schwalben folgen somit ihrer Beute in geringer Höhe.

Der folgende kleine Wetterkalender für die Region Mitteleuropa entstand anhand langjähriger Beobachtungen. Es handelt sich dabei aber nur um Mittelwerte und nicht um eine Wettervorhersage!

Hochwinter: 15. bis 26. Jänner
Überwiegend trockenes, heiteres Frostwetter. Der Frost ist besonders aggresiv, wenn vorher eine Schneedecke gebildet wurde. Meist tiefste Temperaturen des Jahres.

Spätwinter: 6. bis 12. und 19. bis 24. Februar
Überwiegend trockenes Frostwetter. Größte Wahrscheinlichkeit einer anhaltenden Schneedecke (ideal für den Wintersport!)

Märzwinter: 3. bis 8. März
Neigung zu kaltem Schauerwetter.

Vorfrühling: 13. bis 22. März
Heiter mit starker Sonneneinstrahlung, im Süden sind untertags schon Höchsttemperaturen von 20 Grad Celsius möglich. Vielfach bildet sich noch leichter Nachtfrost.

April
Oft sprunghaft wechselnde Witterung. Wärmevorstöße sowie kalte Schnee- und Regenschauer wechseln sich ab. Nachtfrostgefahr besteht in klaren Nächten.

Eisheilige: 10. bis 15. Mai
Kälterückfälle und letztmals Nachtfröste möglich.

Spätfrühling: 22. bis 31. Mai
Die erste sommerliche Schönwetterperiode. Trocken, warm, wenig bewölkt, Gewitterneigung und Tageshöchsttemperaturen bis 30 Grad Celsius möglich.

Schafskälte: Anfang Juni
Spürbarer Temperatursturz und Regenschauer.

Hochsommer: 12. bis 15. Juli
Neigung zu heiterer, trockener Witterung.

Hundstage: 4. bis 11. August
Schönwetterlage, warm, teilweise schwül, nochmals sind Rekordwerte der Temperaturen möglich.

15. bis 30. August
Wechselhaft, kühl, häufig Regen, aber nur selten völlig verregnete Tage.

Spätsommer: 1. bis 10. September
Schönwetterlage, trocken, oft noch hochsommerlich warm.

Altweibersommer: 22. bis 30. September
Vorwiegend heiteres und trockenes Schönwetter mit teilweisem Frühnebel und tagsüber sommerlich anmutenden Temperaturen. Erste spärliche Nachtfröste in klaren Nächten

Frühherbst: 1. bis 10. Oktober
Bei Zufuhr von Meeresluft stark wechselhafte, oft stürmische Witterung mit Regen, aber ausgeglichene Temperaturen.

Mittelherbst: 11. bis 22. Oktober
Schönwetterlage, eher trocken mit Nebel, der sich erst spät am Vormittag auflöst. Große Temperaturdifferenz zwischen Tag und Nacht, erste strengere Nachtfröste.

23. bis 31. Oktober
Uneinheitlich geprägte Jahreszeit. In manchen Jahren erster winterlicher Kaltlufteinbruch: dann eisige Winde, nur selten Schnee; kurz, jedoch ohne Vorbedeutung für den kommenden Winter.

Spätherbst: 13. bis 22. November
Schönwetterlage, tagsüber sehr mild, in Niederungen oft tagelang Nebel mit Rauhreif und Frost.

27. November bis 10. Dezember
Der Vorstoß milder Meeresluft beseitigt Nebelfelder, trüb und Regen, aber vorwiegend frostfrei.

Frühwinter: 20. bis 23. Dezember
Winterlicher Kaltlufteinbruch aus Osten. Starker Frost, oftmals Schneefall. In vielen Jahren die erste länger haltbare Schneedecke.

Weihnachtstauwetter: 24. bis 31. Dezember
Milde Meeresluft beseitigt die Schneedecke oft bis in die höchsten Lagen der Mittelgebirge.

31. Dezember bis 3. Jänner
Kälterückfall mit Frost und Schnee.

Anzeichen für schönes Wetter

Luftdruck:

- langsam und gleichmäßig steigend
- gleichbleibend hoch

Wind:

- aus östlichen Richtungen
- Windstille bzw. schwach aus umlaufenden Richtungen
- abnehmender Wind abends
- gleiche Windrichtung in verschiedenen Höhenschichten

Wolken:

- flache Quellwolken (Cumulus humilis)
- Stratocumulus
- fallender Nebel, der sich auflöst
- heller Dunst

Himmel:

- mittel- bis hellblau
- klare weiße Sonne einige Minuten nach dem Aufgang
- Abendrot ohne Wolken

Sonstiges:

- starker Tau bzw. Reif in der Nacht
- Schornsteinrauch, der geradlinig aufsteigt bzw. wegläuft

Anzeichen für ein Zwischenhoch

Luftdruck:
- sehr schnell steigend
- permanent schwankend

Wind:
- trotz Schönwetter aus westlichen Richtungen

Wolken:
- flache Quellwolken (Cumulus humilis)
- Stratocumulus
- fallender Nebel, der sich auflöst
- heller Dunst

Himmel:
- mittel- bis hellblau
- klare weiße Sonne einige Minuten nach dem Aufgang
- Abendrot ohne Wolken

Sonstiges:
- starker Tau bzw. Reif in der Nacht
- Schornsteinrauch, der geradlinig aufsteigt bzw. wegläuft

Anzeichen für schlechtes Wetter

Luftdruck:
- langsam und gleichmäßig fallend
- gleichbleibend tief

Wind:
- aus westlichen Richtungen
- plötzliche Winddrehung
- auffrischender Wind aus Südwest oder Nordwest vor allem abends
- unterschiedliche Windrichtungen in verschiedenen Höhenschichten

Wolken:
- Verdichtung von hohen Wolken (Cirrus, Cirrostratus, Cirrocumulus)
- Aufzug ausgedehnter Altocumulus- und Altostratusfelder
- Nimbostratus (anhaltender Niederschlag)
- Cumulonimbus (Schauer)
- plötzliche Auflösung von Dunstschichten
- keine Wolkenauflösung gegen Abend
- steigender Nebel

Himmel:
- Haloerscheinungen und Höfe um Sonne bzw. Mond

- tiefblauer Himmel
- Abendgrau
- gelbe oder grauweiße Sonne beim Untergang
- Morgenrot mit Wolken

Sonstiges:
- nach klarer Nacht kein Tau bzw. Reif
- Schornsteinrauch, der mäanderförmig abdriftet
- fallender Rauch
- sehr gute Fernsicht mit dunkel erscheinenden Bergen und Wäldern
- klarer Himmel frühmorgens bei starkem Wind

Anzeichen für Sturm

Luftdruck:
- schnell und stark fallender Luftdruck

Wind:
- plötzlich auffrischender Wind aus westlicher Richtung

Wolken:
- „Polarbanden" (Anordnung von Cirruswolken zu langen parallelen Bändern)
- plötzlich aufziehende hochaufgetürmte Quellwolken (Trog)
- sehr schnell ziehende Wolken

Himmel:
- tiefblauer Himmel mit überscharfer Fernsicht
- kräftiges intensives Morgenrot

Sonstiges:
- nach Kaltfrontdurchzug mit Temperaturrückgang keine Besserung der Sicht (Trog)

Anzeichen für Gewitter

Wind:
- schwülwarmer Wind mit plötzlicher Flaute unmittelbar vor dem Gewitter

Wolken:
- flocken- oder türmchenartige Schäfchenwolken (Altocumulus floccus bzw. castellanus) im Sommer
- plötzlich aufziehende hochaufgetürmte Quellwolken (Cumulus congestus, Cumulonimbus)
- Nebel bzw. Hochnebel im Sommer bei großer Feuchtigkeit

Luftdruck:
- sehr schnell fallender Luftdruck im Sommer

Himmel:
- im Sommer bei schwülwarmem Wetter vor Gewittern zunehmend diesig

Abendrot – Morgenrot

Das Abendrot ist besonders schön, wenn noch Reste der täglichen Haufenbewölkung (Cumulus) am Horizont zu sehen sind. Deren Auflösung am Abend entspricht einer ruhigen und ungestörten Wetterentwicklung und lässt auf schönes Wetter wenigstens für den nächsten Tag hoffen.
Die „Abendrot-Regel" – Abendrot Schönwetterbot' – ist allerdings nur mit Einschränkung gültig: Federwolken (Zirrus), die ebenfalls vom Licht der untergehenden Sonne angestrahlt werden, deuten eher auf Regen am nächsten Tag hin.
Uneingeschränkt richtig ist hingegen aber, dass Morgenrot schlechtes Wetter nach sich zieht. Am Morgen sich bildende Wolken, die von der aufgehenden Sonne rot angestrahlt werden, zeigen eine Veränderung der Luftschichtung an, durch die sich die Schauer- und Gewitterbereitschaft erhöht.
Die meisten bäuerlichen Wolkenregeln werden heute von der Wissenschaft bestätigt, zum Beispiel folgende:

Kleine weiße Haufenwolken im Verlaufe des Tages
deuten die Fortdauer des schlechten Wetters an.

Quellen Haufenwolken nach oben,
so kommt der Regen bald von droben.

Wenn's Schäfchenwölkchen am Himmel hat,
gibt es schönes Wetter.

Geht die Sonne hinter einer grauen
Wolkenwand unter, folgt der Regen nach.

Eine kleine Morgenwolke macht
oft ein großes Abendgewitter.

Wetter, die langsam ziehen,
schlagen am schwersten.

Auch Tau, Reif und Nebel schlagen sich in Wetterregeln nieder, die von heutigen Meteorologen bestätigt werden – so auch jene, die L. Reynman 1505 in seinem Wetterbüchlein niederschrieb:

Wenn Nebel von den Bergen absteigen
oder vom Himmel fallen oder in den
Tälern liegen, bedeut' schön Wetter.

Der römische Dichter Vergil (70 - 19 v. Chr.) schrieb in seiner „Georgica“:

Wenn der Nebel aufsteigt,
verspricht er allgemein Regen.

Eine deutsche Bauernregel erweitert diese Erkenntnis so:

Dichter Nebel, der herniedersinkt,
schnell ein schönes Wetter bringt.

Und über Reif und Tau wird gesagt:

Häufig starker Tau (oder Reif) hält den Himmel blau.

Tau oder Reif bilden sich in der Nacht, wenn Hochnebelfelder auf die Erde niederfallen und nach deren Auflösung wieder sonniges Wetter herrscht. Diese Regel wird von einer anderen bestätigt:

Grauer Morgen – schöner Tag!

Der Bauer beobachtete auch die Gestirne sehr genau. Vor allem der Mond war als wetterbestimmend bekannt:

Neumond mit Wind
ist zu Regen und Schnee gesinnt.

Gewitter in der Vollmondzeit
verkünden Regen lang und breit.

Hat einen Hof der Mann im Mond,
bleibst du von Regen (oder Schnee) nicht verschont.

Vorzeichen für schlechtes Wetter

Morgenrot

Auffällige Schmerzempfindung bei Krankheiten
und bei verheilten Verletzungen

Berge und entfernte Gegenstände scheinen
näher gerückt und klarer als sonst

Besondere Helligkeit

Birken riechen besonders stark

Das Vieh drängt abends
von der Weide in den Stall

Das Vieh wehrt sich gegen lästige Mücken

Feuchtes Salz

Frösche quaken am Tag

Gänsedistel schließt über Nacht
ihren Blütenkopf nicht

Hunde benagen das Gras

Klare Fernsicht

Kühe fressen besonders gierig

Lästige Mücken

Löwenzahn öffnet tagsüber seinen Blütenkelch nicht

Maulwurf wirft hohe Haufen auf

Der Mond hat einen Hof

Nässe an Brunnen- und Wasserleitungen

Rauch wird niedergedrückt,
will nicht aus dem Schornstein

„Rutschende" Butter

Schnecken auf dem Weg

Schwitzende Baumrinde, besonders die
glatten Rinden der Buche

Springende Fische

Starkes Funkeln der Sterne

Steigender Morgennebel

Stiefmütterchen schließt abends die Blüte,
so dass es wie verwelkt aussieht

Tauben bleiben in der Nähe des Schlages

Tief fliegende Schwalben

Tiefblauer oder hellblauer Himmel am Morgen

Vieh schnüffelt mit emporgehaltener Nase

Viele Regenwürmer

Wind aus West oder Nordwest

Vorzeichen für schönes Wetter

Abendnebel

Abendrot

WETTER BOTEN

Fallender Morgennebel

Flimmernde Luft

Frösche quaken am Abend

Grauer Morgenhimmel

Grillen zirpen am Abend

Heiße Tage, kühle Nächte

Hoch fliegende Schwalben

Im Wald ist es wärmer als auf dem Feld

Lerche hoch in der Luft

Leuchtende Johanniswürmchen

Regenbogen am Abend

Spinnen bei der Arbeit im Netz

Starker Tau

Wind aus Ost

Allgemeine Wetterregeln

Abendrot – Gutwetterbot',
Morgenrot mit Regen droht.

Abendrot und Morgenhell
sind ein guter Wettergesell.

Alltäglicher Regen ist ungelegen;
zuweilen ein Regen ist ein Segen.

Auf die schönsten Sommertage
folgen die größten Wetter.

Auf einen trüben Morgen folgt ein heiterer Tag.

Bei rotem Mond und hellem Sterne,
sind Gewitter gar nicht ferne.

Besser ein ordentlicher Regen,
als ein stetes Tröpfeln.

Der Föhn macht das Wetter schön;
wenn er vergohd, fällt er ins Kot.

Der Nordwind ist ein rauher Vetter,
doch er bringt beständig's Wetter.

Der schönste Tag beginnt mit einer stillen Morgenröte.

Donnert's durch den kahlen Wald,
wird's noch mal sehr kalt.

Dreht mehrmals sich der Wetterhahn,
so zeigt er Sturm und Regen an.

Ein guter Tau ist so viel Wert
wie ein schlechter Regen.

Entsteigt der Rauch gefror'nen Flüssen,
so ist auf lange Kälte zu schließen.

Geht die Sonne feurig auf,
folgen Wind und Regen drauf.

Gewitter ohne Regen ist ohne Segen.

Gut' Wetter, das kommt über Nacht,
hat's im Sommer nie weit gebracht.

Hat der Berg ein' Hut, wird das Wetter gut.
Trägt er einen Degen, gibt es einen Regen.

Herbstgewitter bringen Schnee,
doch dem nächsten Jahr kein Weh'.

WETTER BOTEN

Hof um den Mond bedeutet Regen,
Hof um die Sonne große Stürme.

Je weißer die Schäfchen am Himmel gehen,
desto länger bleibt das Wetter schön.

Mag der Rauch aus dem Schornstein wallen,
dann wird Regen aus den Wolken fallen.

Nach oben schau, auf Gott vertrau,
nach Wolken wird der Himmel blau.

Nachts Regen, Tages Sonne füllet Scheuer,
Sack und Tonne.

Nebel, wenn er steigend sich verhält,
bringt Regen, doch klar Wetter wenn er fällt.

Ohne Gewitter keine Änderung der Jahreszeiten.

Sommerregen und Mehltau sind gute Freunde.

Steigt der Rauch ganz gerade nach oben,
bleibt das Wetter lange schön.

Vor dem Abend kann sich leicht
das Wetter noch ändern.

Was der Blitz treffen will, das trifft er schnell.

Wenn der Ostwind lange weht,
ein teures Jahr entsteht.

Wenn die Sonne Wasser zieht, gibt's bald Regen.

Wetter, die langsam ziehn, schlagen am schwersten.

Wind in der Nacht – am Tage Wasser macht.

Wo's in der Früh donnert, schlägt's zu Mittag ein.

Ziehen die Wolken dem Wind entgegen,
gibt's am anderen Tag Regen.

SCHWEND-TAGE

Schwendtage – Verworfene Tage

Unter Schwendtagen, auch verworfene Tage genannt, verstand man früher Tage, an denen man nichts Neues beginnen durfte, weder eine neue Arbeit noch Reisen. Auch der damals viel geübte Aderlass wurde an Schwendtagen nicht durchgeführt. Als „dies atri“ waren die „verworfenen Tage“ schon den Römern bekannt.

Es sind dies folgende Tage:

2., 3., 4., 18. Jänner
3., 6., 8., 16. Februar
13., 14., 15., 29. März
19. April
3., 10., 22., 25. Mai
17., 30. Juni
19., 22., 28. Juli
1., 17., 21., 22., 29. August
21., 22., 23., 24., 25., 26., 27., 28. September
3., 6., 11. Oktober
12. November

Lustige und nicht ernst zu nehmende Bauernregeln

Allzu tief in die Jauche schaun',
macht den Bauern sportlich braun.

Am 13., wenns Freitag ist,
der Bauer sich ins Bett vertschüsst.

Arbeitet die Magd im Stalle nackt,
der Bauer daran viel Freude hat!

Auf dem Heu und in dem Stroh
ward schon manches Mägdlein froh.

Bauer Franz liegt auf der Wiese,
unter ihm die Magd Luise.

Baut der Knecht beim Ernten Scheiß
bekommt er vom Bauern Feldverweis!

Beim Dreschen lass das Rauchen sein,
sonst atmest du den Brandrauch ein.

Beim Jauche-Fahr'n vergeht der Spass,
fällt das Toupet in's Jauchefass.

Betet der Knecht in der Kirche zu laut,
hat er dem Bauern zwei Schweine geklaut.

Blitzt und donnert es mit Schauern,
kriecht das Vieh ins Bett zum Bauern!

Braucht der Bauer
nur einen Schinken,
sieht man die Sau
mit dem Holzbein hinken!

Bringt der Winter Eis und Schnee,
friert des Bauern kleiner Zeh.

Das macht den Bauern gar nicht froh,
wenn's regnet in sein Cabrio.

Dem Landmann tut's das Herz zerreissen
sieht er sein Huhn aufs Sofa schei…

Den Bauern packt 'ne tiefe Gram,
verhält sein Hahn sich monogam.

Den Kommissar ergriff ein Schauern,
im Lotterbett – drei kalte Bauern.
Denn dort oben auf der Tenne,
sitzt die entblößte Auerhenne!

Der Bauer der ist sehr verstimmt
wenn Kuhmist in der Suppe schwimmt

Der Bauer seiner Magd nachpfeift,
die Bäuerin ihn mit dem Traktor streift.

Der Bauer hasst es ums Verrecken,
tut sein Huhn das Ei verstecken.

Der Bauer jauchzt, die Bäuerin lacht,
wenn die Kuh 'nen Handstand macht.

Der Bauer keine Hemmung kennt,
das Gras er von der Wiese trennt.

Der Bauer macht aus Ferkel Säue,
das nennt man bei uns Bauernschläue.

Der Bauer macht ein Bäuerlein,
es muss nicht mit der Bäuerin sein.

Der Bauer stark nach Jauche stinkt,
der Gockel mit dem Brechreiz ringt.

Der Bauer surft im Internet,
der Knecht zur Bäuerin ins Bett.

Der Bauer und das liebe Vieh
sind bekannt für Ökologie.

Der Bauer, der ist missgestimmt,
weil seine Schweine Ferkel sind.

Der Hofhund, der die Hühner frisst,
ein hundsgemeines Haustier ist.

Der Knecht verliert vor Schreck die Hose,
zeigt sich die Kuh in Playboy-Pose!

Der Skilift zeigt im Januar,
wo einst des Bauern Wiese war.

Der Traktor seinen Bauern foppt,
wenn er zu spät vor'm Dorfteich stoppt.

Die Bäuerin raubt dem Knecht die Ruh,
schlüpft sie zum Melken in's Dessous.

Die Bäuerin sehr bald beim Kosen pennt,
wenn er nur lasche Posen kennt.

Die Bäuerin die wusste längst,
ihr Rammelbock das ist ein Hengst.

Dreht der Hahn sich auf dem Grill,
macht das Wetter, was es will.

Droht der Bauer mit der Rute,
zieht die Stute eine Schnute!

Es gibt der Bauer meistens Ruh,
stopft er den Mund mit Strohball'n zu.

Es trinkt der Mensch, es säuft das Pferd,
in Bayern ist das umgekehrt!

Fällt der Bauer tot vom Traktor,
steht in der Nähe ein Reaktor.

Fahr'n dicke Bauern Ruderboot,
fahr'n sie alle Fische tot.

Fährst du rückwärts an den Baum,
verkleinert sich dein Kofferraum.

Fährt der Bauer den Hafer ein,
gibt's wochenlang nur Haferschleim.

Fährt der Bauer raus zum Jauchen,
wird er nachts ein Deo brauchen.

Fährt der Traktor mehr als 100,
ist der Bauer sehr verwundert.

Fällt der Bauer nachts vom Dach
wird sogar die Bäuerin wach.

Fällt der Bauer tot vom Traktor
glüht am Waldrand der Reaktor.

Fällt der Bauer von der Leiter,
find't der Ochs' dies äußerst heiter.

Fällt der Baum beim ersten Streich,
war bestimmt der Baumstamm weich.

Fällt der Vollmond auf das Dach,
werden alle Bauern wach!

Fällt der Vollmond auf den Bauer,
tut es weh und macht auch „Aua"!

Fällt des Bauern Uhr in den Mist,
weiß er nicht wie spät es ist!

Fehlt der Knecht am Morgen ständig,
ist die Magd nachts zu lebendig.

Fetten sich die Schweine ein,
wird's ein heißer Sommer sein.

Fliegt der Bauer in den Sumpf,
ist bei den Fröschen Frohsinn Trumpf!

Fliegt der Bauer übers Dach,
ist der Wind weiß Gott nicht schwach!

Fummeln Magd und Knecht im Stroh,
brüllt der Ochse „Liebesshow!"

Furzt der Bauer am Tisch,
ist das Essen nicht mehr frisch!

Furzt der Ochse hemmungsfrei,
gibt's Smog-Alarm der Stufe drei!

Geht der Bauer durch den Stall,
ruft die Magd: „Du kannst mich mal!"

Geht der Bauer gern was trinken,
sieht man das an seinem Zinken.

Geht der Bauer spät zu Bett,
surft er noch im Internet.

Geht die Bäuerin in die Breite,
sucht der Bauer schnell das Weite.

Geht die Jungmagd gern ins Heu,
ist der Bauer auch dabei.

Geht die Sonne auf im Westen,
lässt der Bauer seinen Kompass testen.

Gibt es mittags Ochsenschwanz,
geht der Ochse auf Distanz!

Greift sich der Bauer mal ein Mädel,
haut ihm die Bäuerin auf den Schädel.

Grunzt im Jänner der Muni (Stier),
wirds Ende Mai schon wieder Juni.

Haben die Kühe nichts zu fressen,
hat sie der Bauer wohl vergessen.

Hängt die Bäuerin steif am Balken,
kann sie keinen Teig mehr walken.

Hantiert am Waschbecken der Bauer,
ist er noch lang kein Beckenbauer!

Hat der Bauer Bock auf Schinken,
fängt der Eber an zu hinken!

Hat der Bauer einen Knall,
schreit er „Muh“ und steht im Stall!

Hat der Bauer Haarausfall,
ist's im Winter warm im Stall.

Hat der Bauer kalte Hände,
flieh'n die Kühe ins Gelände.

Hat der Bauer kalte Schuh,
steht er in der Tiefkühltruh.

Hat der Bauer kalte Socken,
wird er wohl im Kühlschrank hocken.

Hat der Melker kalte Finger,
wird die Kuh zum Stabhochspringer.

Hat die Magd 'nen wunden Po,
lag die Egge unterm Stroh.

Hat er Minimax im Keller,
brennt der Dachstuhl um so heller.

Hülsenfrucht zum Abendbrot –
morgens sind die Fliegen tot.

Im Frühjahr weiß das Rindvieh längst:
Nicht jeder Ochse ist ein Hengst.

Im Hof da sitzt der Auerhahn,
und schaut erbost den Bauern an.

Im Wald da rauscht der Wasserfall,
hört's Rauschen auf, ist's Wasser all.

Isst der Bauer Stoppelrüben,
kommt die Blähung dann in Schüben!

Ist der Bauer am Verrecken,
wird er wohl im Silo stecken.

Ist der Bauer heut' gestorben,
braucht er nichts zum Essen morgen.

Ist der Bauer jung und schlau,
sucht er sich 'ne Ehefrau!

Ist der Bauer mal nicht satt,
fährt er sich ein Hähnchen platt.

LUSTIGE SPRÜCHE

Ist der Bauer ständig umnebelt von Dampf
wächst auf seinen Feldern sicher Hanf.

Ist der Bauer voll mit Wein,
melkt er locker noch das Schwein.

Ist der Bauer völlig blank,
gehört sein Hof wohl bald der Bank

Ist der Bauer wieder knülle
fällt er manchmal in die Gülle.

Ist der Hahn erkältet, heiser,
kräht er morgens etwas leiser.

Ist die Hand des Bauern kalt
so liegt si abgehackt im Wald.

Ist die Viehzucht aufgegeben,
heisst es von Touristen leben!

Ist es an St. Schlendrian trocken
haut's den Bauern aus den Socken!

Ist es draussen kühl und nass
machts im Bette noch mehr Spaß.

Ist im Fernseh'n Wiederholungszeit,
ist der Sommer nicht mehr weit.

Ist sie weg, die Schafesherde,
behilft sich der Bauer mit dem Pferde.

Ist's Silvester hell und klar,
ist am nächsten Tag Neujahr.

Jagt Elefanten Bauers Kater,
muss das Vieh bald zum Psychiater.

Junggesellen! Heiratet nie im April, sondern erst im Mai, es ist dann schon wieder ein Monat vorbei.

Kehrt der Ochse im Steakhaus ein,
serviert der Kellner Heu statt Schwein!

Kippt der Bauer Milch in'n Tank,
wird der Traktor sterbenskrank!

Klebt der Bauer an der Mauer,
war der Stier ein wenig sauer!

Kocht die Bäuerin faule Eier,
kotzt der Bauer wie ein Reiher!

Kommt der Regen schräg von Vorn
kriegt die Kuh ein nasses Horn.

Kommt die Milch in Würfeln raus,
fiel im Stall die Heizung aus!

Kommt Januar vor Februar,
wird das Jahr, wie's immer war!

Kotzt der Bauer in das Heu,
stinkt es bald wie Katzenstreu.

Kotzt der Bauer über'n Trecker
war die Brotzeit wohl nicht lecker!

Kräht der Hahn auf dem Mist,
ändert sich's Wetter oder es bleibt, wie es ist.

Kräht der Hahn doch auf dem Huhn,
hat das mit dem Wetter nichts zu tun.

Kräht der Bauer auf dem Dach,
liegt der Hahn vor Lachen flach.

Kräht der Bauer auf dem Mist
hat der Hahn sich grad vertschüsst!

Kräht der Bauer auf dem Mist,
sein Gockel wohl auf Urlaub ist.

Kräht der Bauer morgens auf´m Mist,
weisst du, dass er besoffen ist!

Kräht der Hahn auf dem Mist,
stinkt er egal wie's Wetter ist.

Kräht der Hahn um Mitternacht,
ist er zu früh aufgewacht!

Kreischt die Magd schrill aus dem Stalle,
ging sie dem Bauern in die Falle!

Lässt der Bauer einen fahren,
flieht das Vieh in großen Scharen.

Läuft nackt herum der Bauernsohn,
ist zu tief die Subvention.

Liegen die Hühner tot in den Ställen,
gibt's im Sommer Salmonellen.

Liegt das Hühnchen platt am Teller
war der Traktor sicher schneller.

Liegt der Bauer auf der Gabi,
haut seine Frau ihn mit Kohlrabi.

Liegt der Bauer auf der Lauer,
wird Herr Lauer ziemlich sauer!

Liegt der Bauer auf der Magd,
dann hat wohl seine Frau versagt!

Liegt der Bauer nackt im Sarg
übertreibt er wieder arg.

Liegt der Bauer tot im Bett,
war die Bäuerin wohl zu fett.

Liegt der Bauer tot im Zimmer,
lebt er nimmer.

Liegt der Bauer unterm Tisch,
war das Essen nimmer frisch!

Liegt des Bauern Uhr im Mist,
weiß er nicht wie spät es ist.

Liegt mittags Weißes in den Suppen,
dann hat die Bäu'rin wieder Schuppen!

Macht der Bauer Bäuerlein,
muss es nicht mit der Bäuerin sein.

Macht die Hitz' den Bauern wild,
er den Durst mit Jauche stillt.

Mai und Knecht und nasses Gras,
kriegt die Bäuerin Ischias.

Mampft der Bauer Kohl und Zwiebel,
wird sogar den Schweinen übel!

Märzenschnee und Jungfernpracht
dauern oft kaum über Nacht.

Melkt der Bauer persönlich die Kuh,
macht sie verträumt die Augen zu!

Melkt der Bauer statt der Kuh die Sau,
ist er mal wieder restlos blau.

Melkt die Bäuerin die Kühe,
hat der Bauer keine Mühe!

Melkt die Bäu'rin nachts die Ziegen,
wird es wohl am Vollmond liegen.

Melkt die Kuh die Bäuerin,
ist irgendwo ein Fehler drin.

Muht die Kuh laut im Getreide,
war ein Loch im Zaun der Weide.

Nach 'ner Flasche Doppelkorn,
fällt der Bauer meist nach vorn.

Nimmt der Ochse ein Kondom,
lacht der Kuhstall voller Hohn!

Nimmt die Magd die Eier fort,
schrein die Hühner „Kindermord".

Pennt der Bauer auf dem Trecker,
vergass er seinen Reisewecker!

Pennt der Knecht mal mit der Ente,
rennt der Erpel zur Polente!

Pflanzt der Bauer Öko-Beete,
denkt er kichernd an die Knete!

Pflügt der Bauer im Mai,
ist der April längst schon vorbei.

Quält den Bauern ein Fluch,
löst er ihn mit einem Spruch.

Raschelt es im Stroh –
ist der Bauer irgendwo.

Rast die Bäuerin schnell vom Hofe,
liebt der Bauer seine Zofe.

Rauchen die Kühe wie'n Kamin,
war ein Kurzschluss in der Melkmaschin'.

Raucht der Knecht im Stall sein Hasch,
lallt die Kuh – „Wasch ischn dasch?"

Regnet es durchs Stalldach sehr,
brüll'n die Schweine: „Shampoo her!"

Regnet es im Juli in den Roggen,
bleibt der Weizen auch nicht trocken!

Regnet es ins Hühnerhaus,
holt der Hahn das Shampoo raus.

Reinigt die Bäuerin dem Bauern die Pfeife,
schmeckt der Tabak so komisch nach Seife!

Reitet auf dem Schwein der Knecht,
ist's dem Bauern auch nicht recht.

Rennt der Bauer gegen die Scheune,
sieht er meistens alle Neune.

Rennt der Bauer morgens früh durchs Zimmer,
schläft er nimmer!

Riechen streng des Bauers Socken,
war der letzte Winter ganz schön trocken.

Rüttelt der Orkan am Haus,
hänge keine Wäsche raus.

Ruft die Bäuerin laut: „Du Schurke!"
will sie an des Bauers Gurke!

Ruft die Ente Schnuli-Wuli
wird ist es Juni oder Juli.

Rülpst im Schweinestall der Knecht,
wird sogar den Schweinen schlecht!

Rutscht der Magd im Stall das Mieder,
legt der Knecht die Gabel nieder.

Rutscht im März dem Bauern die Hose,
war der Gummi im Februar schon lose.

Säuft er Gülle, zwei, drei Kübel,
ergeht's dem Bauern aber übel.

Sagt das Schwein beim Schlachten „Au!“,
knurrt der Bauer: „Dumme Sau!“

Säuft der Bauer zuviel Schnaps
verläuft er sich schon mal im Raps.

Scharren sich die Bauern ein,
wird's ein harter Winter sein.

Schlägt der Blitz den Bauern tot,
spart sein Weib ein Abendbrot.

Schlüpft der Bauer ins Dessous,
macht das Vieh kein Auge zu!

Schmeisst der Knecht die Hose hin,
liegt die Magd im Heu schon drin.

Schreit der Bauer auf dem Dach,
gab's im Hause Ehekrach.

Schreit die Bäuerin vor Entzücken
lässt sie sich vom Knecht beglücken.

Schwingt die Bäuerin sich aufs Radl,
flieht sie vorm Komödienstadl!

Schwingt sich Tarzan nachts durchs Fenster,
kreischt die Magd: „Ich seh' Gespenster!"

Sieht die Magd den Bauer nackt,
wird vom Brechreiz sie gepackt.

Sind die Hühner platt wie Teller,
war der Traktor wieder schneller.

Sind die Kühe am Verrecken,
kriegt der Bauer einen Schrecken.

Singt die Magd im Abendrot,
jede Kuh mit Selbstmord droht

Sitzt auf 'ner Bank ein Paar im Mai,
sind's oft im Februar schon drei.

Sitzt das Ferkel einsam im Mist,
der Bauer in der Kneipe ist.

Sitzt der Bauer auf dem Topf,
sind die Fliegen nicht am Kopf.

Sitzt der Hahn auf einer Krähe,
war kein Huhn in seiner Nähe.

Sitzt die Bäuerin auf dem Trecker,
stoppt der Bauer sein Gemecker!

Soll die Kälbermast sich lohnen,
greift der Bauer zu Hormonen.

Spielt der Bauer abends Karten,
muss die Bäuerin halt warten!

Spielt der Knecht im Stall Viola,
gibt die Kuh beim Melken Cola.

Springen die Kühe an die Wände,
hat der Bauer kalte Hände.

Springt der Ochse auf den Hahn,
war's wahrscheinlich Rinderwahn.

Steh'n im Sommer schlecht die Bohnen,
gibt's im Winter Subventionen!

Steht der Bauer im Gemüse,
hat er später grüne Füße.

Steht die Bäuerin am Grab und kichert,
war ihr Mann ganz gut versichert.

Steht im Frühjahr noch das Korn,
ist es wohl vergessen wor'n...

Steigt der Eber auf den Erpel,
gibt's noch lange keine Ferkel.

Steppt wild die Sau, charmant, graziös,
macht das den Metzger ganz nervös.

Sticht dich im Meer der Stachelrochen,
darfst du ihn zur Strafe kochen.

Stinkt's im Stall zu sehr nach Mist,
schleicht der Ochs' sich fort mit List!

Stirbt der Bauer Anfang Mai,
ist der Mai für ihn vorbei!

Stirbt der Bauer im Oktober,
braucht er im Winter keinen Pullover

Stirbt der Bauer schon im Mai,
wird ein Fremdenzimmer frei!

Stopfst du dir Haferflocken in die Socken,
bleiben deine Schweißfüß' trocken.

Stopft der Bauer sein Gewehr,
meckert die Bäuerin nimmermehr!

Strahlt der Mond ganz voll und hell,
wächst dem Knecht ein Werwolffell!

Stürmt und schneit's Silvester nicht,
ist das Neujahr auch in Sicht.

Trägt der Bauer rote Socken,
will er seinen Bullen schocken.

Trägt der Bauer weite Hosen,
sind sie voll mit Starkbier-Dosen.

Trägt der Bauer rote Socken,
wird das Wetter feucht oder trocken.

Trinkt der Bauer zuviel Bier,
melkt er locker auch den Stier.

LUSTIGE SPRÜCHE

Trinkt der Knecht zu viel vom Biere,
knutscht im Stall er Küh und Stiere.

Tropft dem Bauern das Wachs auf die Wade
steht das Bäumchen mal wieder nicht grade.

Und kriegt die Kuh mal schlechtes Futter,
gibt sie Margarine anstatt Butter!

Wächst der Kuh das Horn nicht vorn,
kriegt der Bauer einen Zorn.

Wächst der Magd ein dicker Bart,
wird der Winter lang und hart.

Weil der Bauer ständig döst,
bleibt XY ungelöst!

Wenn Bauern in die Jauche segeln,
dann helfen auch keine Bauernregeln!

Wenn der Bauer auf dem Miststock kräht,
kommt der Psychiater meist zu spät.

Wenn der Bauer in die Jauche fliegt,
der Ochse sich vor Lachen biegt!

Wenn der Bauer melkt anstatt der Kuh die Sau,
dann ist er wieder restlos blau.

Wenn der Bauer nackend tanzt,
sich die Magd im Stall verschanzt.

Wenn der Bauer zum Waldrand hetzt,
war das Plumpsklo schon besetzt!

Wenn der Gaul im Kohlbeet grast,
die Bäuerin über'n Acker rast.

Wenn der Knecht vom Dache pieselt,
denkt der Bauer: „Huch, es nieselt!"

Wenn der Knecht nach Jauche stinkt,
der Gockel mit dem Brechreiz ringt

Wenn der Knecht wie Elvis singt,
die Kuh im Takt ihr Euter schwingt.

Wenn der Ochs' wie Magnum lächelt,
stöhnt die Magd, die Bäuerin hechelt.

Wenn der Storch auf dem Kamine hockt,
dann bald darauf der Abzug bockt.

Wenn die Bäu'rin Striptease tanzt,
sich das Vieh im Stall verschanzt!

Wenn die Bäuerin tobt, der Bauer zittert,
hat sie das mit der Magd gewittert.

Wenn die Bäuerin ihre Messer wetzt,
der Bauer um sein Leben hetzt.

Wenn die Kuh am Himmel schwirrt,
hat sich die Natur geirrt.

Wenn die Magd nach Knoblauch stinkt,
der Knecht sie auch im Dunkeln find'!

Wenn die Milch nach Krypton schmeckt,
hat's im Kernkraftwerk geleckt!

Wenn es auf die Felder nieselt,
der Bauer wohl vom Traktor pieselt.

Wenn es draussen windet und wettert,
der Bauer auf die Bäuerin klettert.

Wenn es im Stall rummst, röhrt und knallt,
hat sich die Kuh in'n Stier verknallt.

Wenn es in die Suppe hagelt,
war das Dach wohl schlecht vernagelt.

Wenn es nachts im Bette kracht,
der Bauer seine Erben macht.

Wenn es richtig kacheln tut,
spielt der Bauer: „Fang den Hut!“

Wenn im Hof der Metzger parkt,
kriegt das Schwein 'nen Herzinfakt!

Wenn im Juli das Barometer fällt,
es gar oft am Boden zerschellt.

Wenn morgens früh der Wecker rasselt,
ist der schönste Tag vermasselt.

Wenn Nebel wallt und Regen fällt,
ist's um das Wetter schlecht bestellt.

Wenn Sommer ist auf Feld und Flur,
blüht am See die Nacktkultur.

Wenn's im Hühnerstall knummst und rummst,
der Gockel seine Hennen bu..st.

Wenn's im Dezember stürmt und schneit,
ist der Winter nicht mehr weit!

Wenn's an Silvester stürmt und schneit,
ist Neujahr nicht mehr sehr weit.

Will der Bauer keine Kuh,
muss die Bäuerin sagen „Muh"!

Wird der Euterstrahl immer dünner,
hat der Bauer kalte Finger.

Wird der Knecht gehetzt von Doggen,
muss er um sein Leben joggen.

Wollen Kuh und Ochse rennen,
wird der ganze Stall wohl brennen.

Würd die Sau den Teppich schonen,
könnt der Bauer schöner wohnen.

Zeigen die Zacken der Harke hinauf,
tritt der Bauer mit Sicherheit drauf.

Zeigen die Zacken jedoch gen Boden,
bleiben verschont des Landwirts Hoden.

Zieht der Knecht die Stiefel aus,
leert sich (würg) das ganze Haus.

Zieht die Bäuerin in der Wut die Stiefel an,
singt der Bauer bald Sopran.

Zieht die Magd sich nackig aus,
ist die Bäuerin außer Haus.

Zu Ostern ist mal Schluss mit rammeln,
da muss der Hase Eier sammeln.

Zu tief in die Jauche schau'n,
macht den Bauern sportlich braun.

Namenstage

1. Jänner
Wilhelm von Dijon, Raimund, Otto
2. Jänner
Adelhard, Dietmar Gregor, Makarios, Theodor – Schutzpatron: Hl. Basilius, Schutzpatron der Armen und Kranken sowie Kämpfer für Frieden und Einheit der Kirche. Hl. Gregor, Schutzpatron der Dichter sowie für eine gute Ernte. Hl. Adalhard, Schutzpatron der Gärtner und gegen Infektionen.
3. Jänner
Adula, Irmina, Odilo, Genoveva, Gordius – Schutzpatron: Hl. Genoveva, Schutzpatron der Frauen, Hirten und Weingärtner; bei Abwehr gegen Dürre, Krieg, Unglück und Seuchen.
4. Jänner
Angela, Maro, Marius, Roger
5. Jänner
Emilie, Gerlach, Gerlinde, Johann, Nepomuk Neumann, Feofan – Schutzpatron: Hl. Gerlach, Schutzpatron der Hirten und des Viehs; Beschützer vor Viehseuchen.
6. Jänner
Kaspar, Melchior, Balthasar – Schutzpatron: Hl. Drei Könige, Schutzpatron der Wallfahrer und Reisenden, bei plötzlichem Tod und gegen Epilepsie.
7. Jänner
Knud, Raimund, Ramon, Roy, Valentin, Virginia, Widukind, Märtyrer der heiligen Bücher – Schutzpatron: Hl. Raimund von Penafort, Schutzpatron der Kirchenrechtsgelehrten.
8. Jänner
Erhard, Heinrich, Gudrun, Gundula, Erhard, Severin – Schutzpatron: Hl. Severin, Schutzpatron von Bayern sowie der Leinweber, Winzer und Gefangenen; Helfer bei Hungersnot.
9. Jänner
Adrian, Alice, Eberhard, Julian und Basilissa, Martial, Veronika, Johann Laski – Schutzpatron: Hl. Basilissa und Hl. Julian, Schutzpatron der Gastlichkeit.
10. Jänner
Gregor X., Paulus von Theben, Agathe, Wilhelm von Bourges, Karpus und Papylus

11. Jänner
Alwin, Mathilde, Paulinus, Paulus, Johannes, Weselius, Ernst der Bekenner
12. Jänner
Ernst, Hilde, Hilda, Tatjana, Reinhold, Remigius von Reims
13. Jänner
Gottfried, Jutta, Veronika, Hilarius von Poitiers – Schutzpatron: Hl. Hilarius, Schutzpatron der kleinen schwächlichen Kinder.
14. Jänner
Berno, Felix, Odo, Pia, Reiner – Schutzpatron: Hl. Engelmar, Schutzpatron der Bauern, Helfer zur Bewahrung der Feldfrüchte und gegen Viehseuchen.
15. Jänner
Arnold, Gabriel, Habakuk, Konrad II., Maurus, Paulus der Einsiedler – Schutzpatron: Hl. Maurus, Schutzpatron der Köhler, Kupferschmiede, Lastträger; bei Gicht, Heiserkeit, Kopfschmerzen, Lähmung, Rheumatismus, Schnupfen.
16. Jänner
Marcellus I., Tasso, Theobald (Apostel Österreichs), Tilo – Schutzpatron: Hl. Tilo (Tilmann), Helfer bei Fieber und Kinderkrankheiten.
17. Jänner
Anton der Einsiedler, Beatrix, Rosalin(d)e, Gamelbert – Schutzpatron: Hl. Antonius der Große, Schutzpatron der Viehhändler, Hirten, Metzger, Korbmacher, Totengräber sowie vom Vieh, insbesondere Schweine, Haustiere; bei Feuersnot, Hautkrankheiten, besonders der Gürtelrose, den Rotlauf und Seuchen bei Tieren.
18. Jänner
Gabriele, Klara, Lukas, Odilo, Prisca, Regina, Susanne
19. Jänner
Heinrich von Stauten, Knud, Marius, Martha, Pia, Ratmund, Sara
20. Jänner
Basti, Bastian, Fabian, Jakob, Ursula, Sebastian – Schutzpatron: Hl. Sebastian, Schutzpatron der Schützenbruderschaften, Soldaten, Gärtner, Steinmetzen, Töpfer, Tuchmacher sowie der Sterbenden. Hl. Fabian, Schutzpatron der Töpfer und Zinngießer.
21. Jänner
Agnes, Ines, Klara, Meinrad, Valerian – Schutzpatron: Hl. Agnes, Schutzpatron der Gärtner, Jungfrauen, Verlobten sowie Beschützerin der Keuschheit.

21. Jänner – Hl. Agnes

22. Jänner
Anastasius, Dietlinde, Irene, Vinzenz, Vinzenz Pal. – Schutzpatron: Hl. Vinzenz von Saragona, Schutzpatron der Schüler, Holzarbeiter, Dachdecker, Seeleute und Weinbauern; Schutzpatron Portugals; Helfer beim Wiederfinden gestohlener Sachen, gegen Körperschwäche und Darmkrankheiten.
23. Jänner
Emerantia, Eugen, Hartmut, Raimund
24. Jänner
Arno, Eberhard, Franz von Sales, Hergold, Vera – Schutzpatron: Hl. Franz von Sales, Schutzpatron der katholischen Presse und der Schriftsteller.
25. Jänner
Adelviva, Amarin, Paul, Apostel Paulus, Wolfram
26. Jänner
Edith, Laila, Notburg, Paula, Theo, Timotheus und Titus
27. Jänner
Angela, Dietrich, Julian
28. Jänner
Amadeus, Karl der Große, Manfred, Thomas von Aquin – Schutzpatron: Hl. Thomas von Aquin, Schutzpatron der Katholischen Hochschulen, der studierenden Jugend, Buchhändler, Beschützer der Keuschheit, Helfer bei Blitz und Sturm.
29. Jänner
Arnulf, Gerhard, Karl, Radegund, Valerius
30. Jänner
Adelgunde, Diethild, Martina, Serena
31. Jänner
Emma, Hemma, Johannes (Giovanni) Bosco, Luise, Luiseta, Marzella, Virgil

1. Februar
Birgit, Brigida, Brigitte, Ignaz, Sabine – Schutzpatron: Hl. Brigida von Kildare, Schutzpatron der Kirche, Wöchnerinnen, unehelichen Kinder; Schutzpatron Irlands; Helferin bei Unglück und Verfolgung.
2. Februar (Maria Lichtmess)
Adelheid, Bodo, Dietrich, Jeanne, Johanna, Maria Katharina – Schutzpatron: Hl. Adelheid (Hadelog), Schutzpatron der Fieberkranken, Helferin bei Fieber.

3. Februar (Blasiustag)
Blasius, Oskar, Ansgar – Schutzpatron: Hl. Blasius, Schutzpatron der Ärzte, Bauarbeiter, Maurer, Musikanten, Steinmetze, Wollweber, Windmüller, Haustiere; Helfer bei Blutungen, Blasenleiden und Zahnschmerzen. Hl. Ansgar, Schutzpatron von Dänemark (Apostel des Nordens).

4. Februar
Christian, Frauke, Gilbert, Maurus, Moritz, Veronika, Hrabanus Maurus – Schutzpatron: Hl. Hrabanus (Rhabanus, Maurus), Verfasser der Pfingsthymne „Veni creator spiritu".

5. Februar
Adelheid, Agatha, Alice, Berta, Philipp Jakob Spener – Schutzpatron: Hl. Agatha, Schutzpatron der Erzgießer, Glockengießer und Hirtinnen; Helferin bei Brustkrankheiten, Feuergefahr, Erdbeben, Hungersnot und Gewitter.

6. Februar
Dora, Dorothea, Hildegund, Reinhild, Theo, Amandus – Schutzpatron: Hl. Dorothea, eine der 14 Nothelfer. Schutzpatron der Bierbrauer, Blumengärtner und -händler, Neuvermählten und Wöchnerinnen; Helferin bei Armut und falschen Anschuldigungen.

7. Februar
Ava, Nivard, Richard, Theodor

8. Februar
Emil, Elfriede, Hieronymus, Lambrecht, Philipp

9. Februar
Anna, Apollonia, Julian, Katharina – Schutzpatron: Hl. Hieronymus Ämiliani, Schutzpatron der Waisen und der verlassenen Jugend.

10. Februar
Adelheid, Bruno, Heidi, Rüdiger, Scholastika, Wilhelm der Große – Schutzpatron: Hl. Scholastika, Schutzpatron der Benediktiner und Benediktinerinnen, Helfer bei Blitzschlag und der Bitte um Regen.

11. Februar
Anselm, Dietbert, Fidelis, Theodor, Hugo von St. Victor

12. Februar
Antonius, Benedikt, Gregor II., Ludanus, Eulalia – Schutzpatron: Hl. Benedikt von Aniane, Helfer bei Bränden.

13. Februar
Adolf, Gisela, Irmhild, Reinhild, Kastor

14. Februar
Bruno, Felix, Kurt, Lyri, Valentin, Cyrillus und Methodius – Schutzpatron: Hl. Valentin, Schutzpatron der Verliebten und Verlobten, der Jugend, Reisenden, Bienenzüchter; Stifter einer guten Heirat; Helfer bei Epilepsie, Ohnmacht, Gicht und Pest.

15. Februar
Georgia, Gigurd, Maurus, Sigurt, Siegfried

16. Februar
Julia, Juliana, Juliane, Philippa

17. Februar
Benugnus, Emilie, Konstantin, Lukas, Silvia

18. Februar
Bernadette, Konstanze, Konstantia, Sileon, Simon, Susanna

19. Februar
Hartwig, Hadwigis, Irmgard, Konrad, Kurt, Susanne

20. Februar
Leo, Faiko, Ulrich, Eucherius

21. Februar
Adelheid, Eleonore, Irene, Petrus Damiani, Posa

22. Februar
Peter, Isabella, Isabelle, Margareta – Schutzpatron: Hl. Petrus, Schutzpatron der Fischer, insofern der Gegner des Eises.

23. Februar
Arnold, Odo, Otto, Ruprecht, Romana, Willigis, Polycarpus

24. Februar
Irmengard, Mattis, Philippa, Simeon, Apostel Matthias – Schutzpatron: Hl. Apostel Matthias, Schutzpatron der Bauschreiner, Konditor, Metzger, Schmiede, Schneider und Zimmerleute.

25. Februar
Adeltrud, Burga, Bürge, Walburga – Schutzpatron: Hl. Walburga, Schutzpatron der Bauern, Landleute und Feldfrüchte; Helferin bei Hundebissen, Tollwut und Husten. Früher Beschützerin vor Hexerei und Zauberei.

26. Februar
Alexander, Dionysius, Gerlinde, Gotthilf, Mechthild

27. Februar
Bettina, Leander, Markward, Veronika

28. Februar
Elisabeth, Roman, Silvana, Sirin, Veronika
29. Februar (Schaltjahr)
August, Oswald, Suitbert (wenn kein Schaltjahr ist am 28. 2.)

1. März
Albinus, Roger, Rüdiger, Switbert – Schutzpatron: Hl. Albinus, Schutzpatron der kranken Kinder.
2. März
Agnes, Axel, Grimo, Heinz, Ines, Karl
3. März
Friedrich, Gerwin, Gunda, Kunigunde, Titian – Schutzpatron: Hl. Kunigunde, Schutzpatron der Kinder und schwangeren Frauen.
4. März
Humbert, Kasimir, Rupert, Walburga – Schutzpatron: Hl. Kasimir, Schutzpatron der Polen, der Jugend und Keuschheit; Helfer bei Krämpfen.
5. März
Dietmar, Friedrich, Gerda, Oliver, Olivia, Dietmar, Thietmar
6. März
Coleta, Fridolin, Mechthild, Viktor, Zitta
7. März
Reinhard, Volker, Perpetua und Felicitas – Schutzpatron: Hl. Fridolin von Säckingen, Schutzpatron der Schneider und des Viehs, Fürbitter um gutes Wetter.
8. März
Beate, Cyprian, Edda, Eddo, Thomas von Aquin – Schutzpatron: Hl. Johannes von Gott, Schutzpatron der Buchhändler, Buchdrucker, der Kranken, des Krankenpflegepersonals und der Krankenhäuser.
9. März
Bruno, Dominikus, Fanny, Franziska
10. März
Emil, Gustav, Henriette, John
11. März
Airan, Antonia, Rosamunde, Rosina, Ulrich, Wolfram, Pionius
12. März
Almut, Beatrix, Gregor der Große, Max, Maximilian

8. März – Hl. Thomas von Aquin

13. März
Gerald, Irma, Judith, Leander, Patricia, Paulina – Schutzpatron: Hl. Leander, Helfer bei und gegen Rheuma.
14. März
Alfred, Eva, Gottfried, Mathilde – Schutzpatron: Hl. Mathilde, Gemahlin König Heinrich I.
15. März
Klemens, Luisa, Luise, Pius, Zacharias
16. März
Gummar, Jean, Rembert, Heribert von Köln – Schutzpatron: Hl. Heribert, Erzbischof von Köln, Fürbitter um Regen.
17. März
Gertrud, Konrad, Patty, Paddy, Pat, Patricia, Patricius, Patrick von Irland – Schutzpatron: Hl. Gertrud, Schutzpatron der Gemüsegärtner, Gemüsehändler und der Herbergen. Hl. Patricius, Schutzpatron Irlands, der Bergleute, Friseure und Schmiede, fürbittend um Bewahrung vor den Qualen der Hölle.
18. März
Anselm, Eduard, Cyrillus von Jerusalem
19. März
Adeltraud, Josef – Schutzpatron: Hl. Josef, Bräutigam der Gottesmutter Maria, „Nährvater Jesu", Schutzpatron von Böhmen, Bayern und Österreich, Schutzpatron der gesamten katholischen Kirche, der Arbeiter, Handwerker, Schreiner und Zimmerleute, Helfer in verzweifelten Situationen und in Wohnungsnöten.
20. März
Alexandra, Claudia, Hubert, Hubertus, Irmgard, Wolfram
21. März
Alexandra, Axel, Benedikt, Christian, Richeza
22. März
Elmar, Emil, Leo, Lea, Leila, Rita, Hl. Eiko von Lidlum
23. März
Eberhard, Merbot, Otto, Rebekka, Wolfgang
24. März
Berta, Elias, Gabriel, Karin, Katharina
25. März
Fidelis, Judith, Jutta, Prokap

26. März
Emanuel, Felizitas, Laura, Lutger, Ludgerus, Manuel, Stephanie
27. März
Frowin, Haimo, Lydia, Rupert, Ruprecht
28. März
Bert, Gundelind, Guntram, Ingbert, Rupert
29. März
Berthold, Helmut, Ludolf
30. März
Angela, Dietmund, Guido, Roswitha
31. März
Benjamin, Conny, Cornelia, Goswin, Guido, Nelli, Akazius von Melitene

1. April
Hugo, Irene,Theodora, Viktor – Schutzpatron: Hl. Irene, schützt vor Blitz und Feuergefahr.
2. April
Franz, Rosamunde, Sandrina, Urban – Schutzpatron: Hl. Franz de Paula, Schutzpatron der Einsiedler, Helfer bei Kinderlosigkeit, bei seelischen und körperlichen Leiden.
3. April
Christian, Gandolf, Luidberg, Luitbirga, Richard
4. April
Isidor, Konrad, Maurus, Ambrosius von Mailand – Schutzpatron: Hl. Isidor
5. April
Burkhard, Irene, Juliane, Julitta, Thea, Vinzenz – Schutzpatron: Hl. Vinzenz Ferrer, Schutzheiliger der Ehe und Schutzpatron der Bleigießer, Dachdecker und Ziegelbrenner; Helfer bei Epilepsie, Besessenheit, Kopfschmerzen und Unglück.
6. April
Balderich, Isolde, Karolina, Karoline, Petrus, Wilhelm, Wilhelmine – Schutzpatron: Hl. Petrus Martyr, Schutzpatron der Jesuiten (Inquisitoren), Dominikaner, Wöchnerinnen. Hl. Petrus von Verona, Fürbitter gegen Blitz, Sturm, Kopfschmerzen sowie für das Gedeihen der Feldfrüchte.
7. April
Burckhard, Hermann-Josef, Johannes, Lothar – Schutzpatron: Hl. Johannes

Baptist de la Salle, Schutzpatron der Lehrer und der Erzieher sowie der Schulbücher und des christlichen Unterrichts.

8. April

Albert, Amantius, Beata, Beate, Julia, Walter

9. April

Demetrius, Hugo, Konrad, Waltraud, Waltrud

10. April

Engelbert, Ezechiel, Gerold, Hulda – Schutzpatron: Hl. Engelbert, Abt von Admont; besonders für den Kampf wird seine Hilfe erbeten.

11. April

Gemma, Leo der Große, Reiner, Stanislaus – Schutzpatron: Hl. Stanislaus

12. April

Herta, Julius, Liane, Zeno – Schutzpatron: Hl. Zeno, steht Kindern beim Reden- und Gehenlernen bei; Helfer gegen Wasserschäden.

13. April

Hermengild, Ida, Martin, Paternus

14. April

Ernestine, Hedwig, Justine, Lambert, Lidwina, Valerian, Valerie, Tiburtius

15. April

Huna, Nidgar, Olympia, Reiner, Reinert

16. April

Benedikt, Bernadette, Josef

17. April

Eberhard, Marianne, Rolf, Rudolf, Wanda

18. April

Aya, Werner, Wikterp, Ursmar, Apollonius

19. April

Leo, Gerold, Werner

20. April

Odette, Viktor, Hildegard, Hildegun

21. April

Alexandra, Anselm, Konrad von Parzham, Wolf

22. April

Kajus, Soter, Wolfhelm

23. April

Adalbert, Albrecht, Arnulf, Gerhard, Jörg, Renate, Georg – Schutzpatron: Hl.

Georg, einer der 14 Nothelfer. Schutzpatron Englands, zahlreicher Ritterorden, Städte, Länder, Soldaten und Waffenschmiede, der georgischen Kirche, der Sinti und Roma (Zigeuner); Schutzpatron von Pferden und Vieh; Helfer gegen Beschimpfungen, bei einem schweren Unfall, in geistigen Kämpfen, in Kriegsgefahr und Kriegsunglück.

24. April

Egbert, Fidelis, Marian, Wilfrid – Schutzpatron: Hl. Fidelis von Sigmaringen, Schutzpatron der Juristen und Kapuziner.

25. April

Erwin, Franka, Hermann I., Marcell, Evangelist Markus – Schutzpatron: Hl. Markus der Evangelist, Schutzpatron der Korbmacher, Maurer, Notare, Glaser und Glasmaler; Helfer bei Blitz, Hagel, plötzlichem unbußfertigem Tod und Fürbitter um eine gute Ernte.

26. April

Helena, Helene, Maria, Ratbert, Richard, Trudbert, Tertullian

27. April

Flora, Floribert, Petrus Canisius, Zita, Origenes – Schutzpatron: Hl. Petrus Canisius, Schutzpatron der katholischen Schulorganisationen.

28. April

Alfred, Hago, Hugo, Gerfried, Paul, Piere, Vitalis – Schutzpatron: Hl. Hugo von Cluny, Schutzpatron der Fieberkranken und Helfer bei Fieber.

29. April

Ermentrud, Irmtrud, Roswitha, Robert, Sibylle, Katharina von Siena – Schutzpatron: Hl. Katharina von Siena, Schutzpatron Italiens und der Sterbenden; Helfer bei Kopfschmerzen und Pest.

30. April

Bernhard II., Heimo, Karin, Quirinus, Rosamunde – Schutzpatron: Hl. Quirinus von Neuß, Helfer bei Fußleiden, Gicht, Lähmungen, Eiterungen, Fisteln

1. Mai

Arnold, Jakobus, Josef der Arbeiter, Philipp

2. Mai

Boris, Sigismund, Athanasius – Schutzpatron: Hl. Sigismund, König von Burgund; Helfer bei Fieber und Bruch.

3. Mai

Jakob, Phillipp, Viola, Apostel Phlippus und Jakobus d. J. – Schutzpatron: Hl.

Jakobus, Apostel, und Hl. Philippus, Apostel, Schutzpatron der Hutmacher und Kurzwarenhändler.

4. Mai

Birk, Florian, Guido, Jean, Martin, Monika, Valeria – Schutzpatron: Hl. Florian, Schutzpatron der Feuerwehren, Bierbrauer und Schornsteinfeger, Helfer bei Feuer und Wassergefahr, Sturm und Unfruchtbarkeit der Felder.

5. Mai

Angelus, Jutta, Sigrid, Godehard – Schutzpatron: Hl. Godehard, Bischof von Hildesheim; Helfer bei Steinleiden (Nierensteine).

6. Mai

Antonia, Benedicta, Dietrich, Gundula, Roger, Rüdiger

7. Mai

Gisela, Helga, Notker, Stanislaus

8. Mai

Clara, Desideratus, Desire, Ida, Ulrich, Ulrike, Gregor von Nazianz – Schutzpatron: Hl. Desideratus, Fürbitter um Regen.

9. Mai

Beatus, Karolina, Ottokar, Theresia, Volkmar – Schutzpatron: Hl. Beatus, Schutzpatron der Schweiz; Helfer gegen tumoröse, bösartige Erkrankungen.

10. Mai

Bertram, Blandina, Epimachus, Jordian, Regine

11. Mai

Gangolf, Mamertus – Schutzpatron: Hl. Gangolf, Schutzpatron der kranken Kinder, Gerber, Schuhmacher; Helfer bei Schlechtverheirateten und für solche, die eine gute Heirat machen wollen, sowie bei Haut- und Knieerkrankungen.

12. Mai

Achill, Imelda, Pankratius – Schutzpatron: Hl. Pankratius, Schutzpatron der Erstkommunikanten, der jungen Saat und der Blüten, Helfer bei Meineid und falschem Zeugnis.

13. Mai

Roland, Robert, Servatius – Schutzpatron: Hl. Servatius, Schutzpatron der Lahmen, Helfer beim gelingen eines Unternehmens, bei Fußleiden, Todesfurcht, Mäuse- und Rattenplage.

14. Mai

Bonifatius, Christian, Corinna, Jakob W., Paskai, Stephanie

15. Mai
Sophia, Sophie, Isidor, Rupert, Pachomius – Schutzpatron: Hl. Isidor, Schutzpatron der Bauern.
16. Mai
Nepomuk, Reinbert, die fünf Märtyrer von Lyon – Schutzpatron: Hl. Nepomuk, Schutzpatron Böhmens, der Müller, Priester und Beichtväter, Schiffer und der Brücken; Helfer bei Verleumdung und Wassergefahr; er steht ein für Ehre und Verschwiegenheit.
17. Mai
Bruno, Paschalis, Walter
18. Mai
Alexander, Erich, Erik, Erika, Felix
19. Mai
Bernarda, Hadulf, Kunibert, Kuno, Yvonne
20. Mai
Bernhardin, Elfi, Elfriede – Schutzpatron: Hl. Bernhardin von Siena, Schutzpatron der Wollweber, Helfer bei Brust- und Lungenkrankheiten, Heiserkeit.
21. Mai
Emil, Erenfried, Hermann Josef
Schutzpatron: Hl. Hermann Josef, Schutzpatron der Schulkinder.
22. Mai
Emil, Helena, Helene, Julia, Marion, Rita, Renate
23. Mai
Guibert, Johann, Wipert, Wiprecht
24. Mai
Dagmar, Esther, Rainard, Susanne
25. Mai
Beda, Gregor der VII., Heribert, Lene, Maria Magdalena, Marlene, Urban – Schutzpatron: Hl. Urban, Schutzpatron der Winzer und Weinberge.
26. Mai
Alwin, Eduard, Philipp Neri, Augustin von Canterbury
27. Mai
Bruno, Augustin, Randolf, Johannes Calvin
28. Mai
Germanus, Wilhelm, Roland – Schutzpatron: Hl. Germanus, Schutzpatron der Gefangenen, fürbittend gegen Feuersbrunst und Fieber.

15. Mai – Hl. Isidor

29. Mai

Erwin, Magda, Magdalene, Magdalena, Maximin, Hieronymus von Prag – Schutzpatron: Hl. Maximin, Helfer bei Meineid, Gefahren des Meeres, für und gegen Regen.

30. Mai

Ferdinand, Jeanne, Johanna von Orleans, Reinhild, Wigand – Schutzpatron: Hl. Johanna von Orleans, Nationalheilige Frankreichs.

31. Mai

Angela, Helmtrud Maria, Mechthild, Petronilla

1. Juni

Fortunat, Justin, Ronan, Simeon, Theobald, Justin der Märtyrer

2. Juni

Armin, Blandina, Erasmus, Eugen I. – Schutzpatron: Hl. Erasmus, einer der 14 Nothelfer. Schutzpatron der Gebärenden, Drechsler, Schiffer, Seeleute und der Haustiere; Helfer bei Leibschmerzen, Geburtsschmerzen, Kolik, Krampf, Viehkrankheiten und Seuchen.

3. Juni

Hildburg, Karl, Morandus, Paula

4. Juni

Christa, Klothilde, Quirin, Werner, Moorandus – Schutzpatron: Hl. Werner von Ellerbach, Schutzpatron der Kranken.

5. Juni

Frank, Meinwerk, Winfried/ Bonifatius – Schutzpatron: Hl. Bonifatius, Apostel Deutschlands, Schutzpatron der Bierbrauer und Schneider. Zu seinem Tage fanden in vielen Schulen Ausflüge und Feste statt.

6. Juni

Claudia, Kevin, Klaudius, Norbert, Norbert von Xanten

7. Juni

Dietger, Gottlieb, Klothilde, Robert – Schutzpatron: Hl. Klothilde, Schutzpatron der Frauen; Helferin bei Kinderkrankheiten und Fieber.

8. Juni

Engelbert, Helga, Maria, Mederatus, Medardus – Schutzpatron: Hl. Medardus, Schutzpatron der Bauern, Winzer und Bierbrauer.

9. Juni

Ephraim, Felician, Gracia, Primus

10. Juni
Bardo, Diana, Margarete, Margot, Maurinus
11. Juni
Flora, Jolenta, Raffaela, Rimbert, Barnabas
12. Juni
Alice, Andrea, Marinus
13. Juni
Antonius von Padua, Otwin – Schutzpatron: Hl. Antonius von Padua, Schutzpatron der Eheleute, Bergleute, Franziskaner, Reisenden und Haustiere; Helfer beim Wiederfinden verlorener Sachen, bei Unfruchtbarkeit der Frau, bei Viehseuchen und Fieber.
14. Juni
Burchhard, Gerold, Gottschalk, Hartwig, Lidwina
15. Juni
Gebhard, Isfrid, Lothar, Vitus – Schutzpatron: Hl. Vitus, einer der 14 Nothelfer. Schutzpatron Siziliens, der Apotheker, Kupferschmiede, Schauspieler und Tänzer; Helfer bei bettnässenden Kindern, Krampfen kleiner Kinder, Schlangenbiss, Aufregung, Blitz, Feuergefahr und gegen zu langes Schlafen.
16. Juni
Benno, Dieter, Luitgard – Schutzpatron: Hl. Benno von Meißen, Schutzpatron der Fischer und Tuchmacher; Helfer um und gegen Regen.
17. Juni
Adolf, Fulko, Ramwold, Volkmar
18. Juni
Dolores, Felivius, Otbert, Paula, Potentinus, Simplicius
19. Juni
Andreas, Gervasius, Juliana, Liane, Rasso, Romuald
20. Juni
Adalbert, Benigna, Margarete
21. Juni
Alban, Aloysius, Ralf, Rudolf – Schutzpatron: Hl. Aloysius von Gonzaga, Schutzpatron der Jugend, insbesondere der studierenden; Helfer bei der Berufswahl sowie bei Augenleiden.
22. Juni
Achatius, Eberhard, John, Sighild, Thomas, Verana, Paulinus von Noia – Schutzpatron: Hl. Thomas Morus und Achatius, einer der 14 Nothelfer.

23. Juni
Edeltraud, Hildulf, Valerie – Schutzpatron: Hl. Edeltraud, Helferin bei Augenleiden.
24. Juni
Iwan, Johannes der Täufer – Schutzpatron: Hl. Johannes der Täufer, Schutzpatron vieler Berufe, z. B. Musiker, Gastwirte, Architekten, Restaurateure, Schornsteinfeger; Helfer bei Drehschwindel, Epilepsie, Veitstanz, Furcht.
25. Juni
Dora, Dorothea, Eleonore, Günther
26. Juni
Anthelm, David, Dora, Paulus, Vigilius
27. Juni
Cyrill, Daniel, Emma, Harald, Hemma
28. Juni
Diethilde, Ekkehard, Irenäus
29. Juni
Gero, Judith, Paul, Peter, Apostel Petrus und Paulus – Schutzpatron: Hl. Petrus, Apostel, Schutzpatron der Fischer, Fischhändler, Brückenbauer und Steinmetze; Helfer bei Besessenheit, Schlangenbiss, Tollwut, Fieber und Fußleiden.
30. Juni
Berta, Bertram, Ernst, Otto, Theobald, Trude

1. Juli
Eckart, Dietbald, Theoderich
2. Juli
Ruzo, Wiltrud, Mariä Heimsuchung
3. Juli
Cornelius, Helo, Leo, Otto, Thomas – Schutzpatron: Hl. Thomas, Apostel, Schutzpatron der Architekten, Bauarbeiter, Landvermesser, Maurer, Steinmetze und Zimmerer.
4. Juli
Beata, Bernhold, Elisabeth, Udo, Ulrike, Uwe, Ulrich von Augsburg – Schutzpatron: Hl. Elisabeth von Portugal, Schutzpatron Portugals, Helferin in Kriegsnot. Hl. Ulrich von Augsburg, Schutzpatron der Weber, Helfer bei Mäuseplage, Krankheit, Körperschwäche, Tobsucht, für eine glückliche Sterbestunde.

5. Juli
Antonius Maria, Godolvia, Kyrilla, Zaccaria
6. Juli
Maria Goretti, Maretta, Mariele, Meike, Mariel, Marylin – Schutzpatron: Hl. Maria Goretti, Schutzpatron der Jugend.
7. Juli
Edelburg, Norbert, Walfried, Willibald
8. Juli
Bettina, Edgar, Eugen Kilian – Schutzpatron: Hl. Kilian, einer der 14 Nothelfer, und seine Gefährten, Schutzpatron der Winzer, Helfer bei Gicht und Rheumatismus.
9. Juli
Agilolf, Leonore, Veronika
10. Juli
Amalia, Amalie, Alexander, Sieben Brüder, Erik, Knud, Olaf – Schutzpatron: Hl. Erik von Schweden, Schutzpatron Schwedens. Hl. Knud von Dänemark, Schutzpatron Dänemarks. Hl. Olaf von Norwegen, Schutzpatron Norwegens.
11. Juli
Benedikt, Donata, Olga, Oliver, Pius, Siegbert – Schutzpatron: Hl. Benedikt von Nursia, „Vater des Abendlandes", Schutzpatron Europas, der Schulkinder, Kupferschmiede, Sterbenden; Helfer bei Entzündungen, Nierensteinen, Vergiftungen und Zauberei.
12. Juli
Andrea, Felix, Nabor, Siegbert, Sigisbert
13. Juli
Arn, Bertold, Kunigunde, Mildred, Sara, Sally, Sarina, Silas, Silvio, Heinrich II.
14. Juli
Goswin, Kamillus, Roland, Ulrich – Schutzpatron: Hl. Kamillus, Schutzpatron der Krankenpflege.
15. Juli
Donald, Egon, Gumbert, Heinrich, Waldemar, Bernhard, Johannes Bonaventura – Schutzpatron: Hl. Bonaventura, Schutzpatron der Theologen und Franziskaner, Kinder, Arbeiter.
16. Juli
Carmen, Elvira, Reineldis, Reinhild, Irmgard

17. Juli
Alex, Alexis, Charlotte, Donata, Gabriele, Marina, Ruth
18. Juli
Arnold, Arnulf, Berta, Friedrich, Odilia – Schutzpatron: Hl. Arnold, Schutzpatron der Sänger und Musiker. Hl. Arnulf, Schutzpatron der Bierbrauer und Müller.
19. Juli
Bernold, Bernulf, Vinzenz, Wolf – Schutzpatron: Hl. Bernulf, Helfer bei Schwindsucht (Tbc) und Unfruchtbarkeit der Frau. Hl. Vinzenz von Paul, einer der größten Wohltäter Frankreichs, Schutzpatron aller religiösen Genossenschaften, Krankenhäuser, Gefangenen, des Klerus, der Waisen und für das Wiederfinden verlorener Gegenstände.
20. Juli
Leon, Wilmar, Peggy, Margaretha – Schutzpatron: Hl. Margaretha von Antiochia, einer der 14 Nothelfer. Schutzpatron der Feldfrüchte, Bauern, Ammen und Jungfrauen, Helferin bei Wunden und Gesichtsschmerzen.
21. Juli
Arbogast, Daniel, Julia, Laurentius, Lorenz – Schutzpatron: Hl. Arbogast, Helfer bei Schwäche der Füße sowie Niedergeschlagenheit und Müdigkeit.
22. Juli
Eberhard, Lene, Maria Magdalena, Marlene, Verena – Schutzpatron: Hl. Maria Magdalena, Schutzpatron der Schüler, Friseure, Gärtner, Parfüm- und Puderfabrikanten sowie Sünderinnen und Verführten; Helferin bei der Bereitung von Salben.
23. Juli
Apollinaris, Liborius, Jacqueline, Jeanne, Brigitta von Schweden – Schutzpatron: Hl. Brigitta von Schweden, Schutzpatron Schwedens und der Pilger; Helferin in der Todesstunde. In Schweden wird die Schutzpatronin erst am 7. Oktober gefeiert.
24. Juli
Christa, Christine, Christoph, Luisa, Siglinde, Christophorus – Schutzpatron: Hl. Christophorus, einer der 14 Nothelfer. Schutzpatron des „Morgen- und Abendlandes“, der Reisenden, Seeleute, Kraftfahrer und Luftschiffer; Helfer bei einem unverhofften, unvorbereiteten Tod, bei Gewitter, Zahnschmerzen, Hagel, Hungersnot und Wassergefahren.
25. Juli
Jakob, Thea, Thomas von Kempen, Apostel Jakobus d. Ä.– Schutzpatron: Hl.

Jakobus der Ältere, Schutzpatron Spaniens und Portugals sowie der Pilger, Apotheker, Drogisten, Arbeiter und Waisenkinder; fürbittend um schönes Wetter.

26. Juli

Achim, Anita, Anna, Annette, Anja, Anika, Anuschka, Nadja, Joachim, Jochen – Schutzpatrone: Hl. Joachim und Anna, Schutzpatron der Eheleute, schwangeren Frauen, Bergleute, Müller, Hauswirtschafterinnen, Stallknechte u.v.a.

27. Juli

Bertold, Natascha, Nathalie, Pantaleon, Rudolf, Angelus Merula – Schutzpatron: Hl. Pantaleon, einer der 14 Nothelfer. Schutzpatron der Ärzte und Hebammen, Helfer bei Kopfschmerzen, Auszehrung und Heuschrecken.

28. Juli

Arnulf, Beatus, Benno, Viktor, Innozenz I.

29. Juli

Florentine, Flora, Lucilla, Martha, Olaf der Heilige – Schutzpatron: Hl. Martha von Bethanien, Schutzpatron der Hausfrauen, Arbeiterinnen, Dienstmägde, Köchinnen, Gastwirte, Hoteliers und Hospitalverwalter; fürbittend gegen einen plötzlichen und ewigen Tod.

30. Juli

Bea, Beatrix, Faustinus, Ingeborg

31. Juli

Germanus, Goswin, Ignatius, Ignaz – Schutzpatron: Hl. Ignatius von Loyola, Schutzpatron der Exerzitienhäuser, geistlichen Übungen, Jesuitenorden, Kinder und Krieger; Helfer bei Gewissensbissen, Skrupeln, Todgeburt, Zauberei und Wölfen.

1. August

Alfons, Maria, Petrus Faber

2. August

Alf, Ariane, Gundekar

3. August

Benno, Burghard, Lydia

4. August

Dominikus, Johannes, Maria

5. August

Dominika, Isolde, Oswald

6. August
Agapitus, Felicimus, Gilbert, Hermann, Justus
7. August
Donatus, Juliana, Afra
8. August
Cyriacus, Dominik, Dominikus – Schutzpatron: Hl. Cyriakus, einer der 14 Nothelfer, hilft gegen Besessenheit, Versuchungen und böse Geister, Helfer bei einer Anfechtung in der Todesstunde. Hl. Dominikus, Stifter des Dominikanerordens, Schutzpatron desselben sowie der Näherinnen und Schneider.
9. August
Edith Stein, Hathumar, Roman
10. August
Asta, Astend, Asteria, Astrid, Blanka, Knud, Lorenz, Laurentius – Schutzpatron: Hl. Laurentius (Lorenz), Schutzpatron der Armen, Schüler und Studenten, der Feuerwehr u.v.a.; Helfer bei Hexenschuss, Brandwunden und den Qualen des Fegefeuers.
11. August
Klarissa, Luise, Susanna, Klara von Sciffi – Schutzpatron: Hl. Klara von Assisi, Schutzpatron der Vergolder, Wäschereien; Helferin bei Augenleiden.
12. August
Radegund – Schutzpatron: Hl. Radegund, Helfer bei Fieber der Kinder.
13. August
Gertrud, Gerda, Hippolyt, Kassian, Ludolf, Wigbert, Radegundis – Schutzpatron: Hl. Hippolyt, Schutzpatron der Pferde, Helfer bei Körperschwäche.
14. August
Eberhard, Max, Maximilian, Meinhard
15. August
Mechthild, Rupert
16. August
Alfred, Christian, Joachim, Rochus, Stephan I. – Schutzpatron: Hl. Rochus, Schutzpatron der Ärzte; Apotheker, Gärtner, Kunsthändler, Pflasterer, Schreiner und Steinmetze, Helfer bei allen auftretenden Seuchen. Hl. Stephan I. von Ungarn, Schutzpatron Ungarns.
17. August
Irmgard, Gunda, Jeron, Jutta, Hyazinth, Karola – Schutzpatron: Hl. Hyazinth, Schutzpatron von Polen, Litauen und Russland, Schutzpatron der Domini-

kaner und Ertrinkenden; Helferin bei der Geburt und ehelicher Unfruchtbarkeit.

18. August

Ellen, Helene, Ilka, Ilona, Helene – Schutzpatron: Hl. Helena, römische Kaiserin, Schutzpatronin Deutschlands sowie der Schmiede, Helferin bei Feuergefahr und der Entdeckung von Dieben.

19. August

Bertulf, Johannes, Ludwig, Sebald, Sigbert – Schutzpatron: Hl. Sebald, Helfer bei Kälte.

20. August

Björn, Hugo, Oswin, Bernhard von Clairvaux – Schutzpatron: Hl. Bernhard von Clairvaux, Schutzpatron der Bienenzüchter, Wachszieher, Zisterzienser, Helfer bei Unwetter.

21. August

Balduin, Franziska, Gratia, Johanna, Isabell, Pia, Pius

22. August

Magda, Regina, Siegfried, Symphorian

23. August

Ascelina, Richild, Richildis, Rosa, Rosalie – Schutzpatron: Hl. Rosa von Lima, Schutzpatron der Blumengärtner, fürbittend für eine glückliche Entbindung und bei Wunden.

24. August

Isolde, Karl, Michaele, Apostel Bartholomäus – Schutzpatron: Hl. Bartholomäus, Apostel, Schutzpatron der Bauern und Hirten, Schneider, Metzger, Schuster und Weingärtner, Helfer bei Nervenkrankheiten.

25. August

Elvira, Jakob, Ludwig, Marina, Patricia, Gregor – Schutzpatron: Hl. Ludwig IX., Schutzpatron Frankreichs, Ungarns, der Friseure, Blinden, Buchbinder.

26. August

Egbert, Gregor, Sandra, Wulifla

27. August

Cäsarius, Gebhard, Gerhard, Monika – Schutzpatron: Hl. Monika, Schutzpatron der Frauen und Mütter; Helferin bei der Seelenrettung der Kinder.

28. August

Elmar, Adelinde, Augustin, Augustinus – Schutzpatron: Hl. Augustinus, Schutzpatron der Theologen und Buchdrucker, Helfer bei Augenleiden.

29. August
Beatrix, Sabina, Sabine, Vera, Theodora
30. August
Amadeus, Benjamin, Felix, Herbert, Heribert, Ingeborg, Rosa
31. August
Ramona, Roy, Paulinus, Raimund – Schutzpatron: Hl. Raimund, Schutzpatron werdender Mütter.

1. September
Ägidius, Alois, Ruth, Verena – Schutzpatron: Hl. Ägidius, einer der 14 Nothelfer. Schutzpatron stillender Mütter und des Viehs. Hl. Verena, Schutzpatron der Schweiz, Müller, Fischer, Schiffer und Pfarrhaushälterinnen.
2. September
Apollinaris, Ingrid, Rene
3. September
Egolf, Gregor der Große, Sonja, Sophie – Schutzpatron: Hl. Gregor der Große, Schutzpatron Englands, der Schüler und Studenten, Gelehrten, Lehrer, Musiker und Sänger.
4. September
Ida, Iris, Irmgard, Rosalia, Switbert – Schutzpatron: Hl. Ida von Herzfeld, Schutzpatron der schwangeren Frauen.
5. September
Bertin, Maria, Roswitha, Theresia
6. September
Beate, Gundolf, Magnus, Zacharia, Zachäus
7. September
Judith, Otto, Regina, Ralph, Till
8. September
Adrian, Adriane, Franz, Hadrian, Maria, Korbinian – Schutzpatron: Hl. Maria, Schutzpatronin der gesamten Christenheit.
9. September
Gorgonius, Otmar, Wilfriede, Wulfhild – Schutzpatron: Hl. Otmar, Helfer bei Augenleiden.
10. September
Astrid, Diethard, Edgar, Lars, Laura, Lorenz, Theodora – Schutzpatron: Hl. Diethard, Schutzpatron der Viehhändler.

11. September
Almar, Felix, Helga, Matemus, Otger, Protus, Regula, Robert – Schutzpatron: Hl. Matemus, Schutzpatron des Weinbaus.
12. September
Gerfried, Guido, Marika, Marita, Miri, Silvian
13. September
Amatus, Notburga, Tobias, Johannes Chrysostomus – Schutzpatron: Hl. Notburga, Schutzpatron der Dienstmägde, der Arbeitsruhe und des Feierabends, Helferin in allen Nöten der Landwirtschaft.
14. September
Conan, Irma, Johannes, Cyprian – Schutzpatron: Hl. Johannes Chrysostomus, Schutzpatron der Prediger.
15. September
Dolores, Ludmilla, Notburga, Melissa, Reinbert, Roland
16. September
Cornelius, Edith, Eugenia, Julia – Schutzpatron: Hl. Cornelius, Schutzpatron des Hornviehs, Helfer bei Krämpfen, Fieber, Ohrenschmerzen und Epilepsie.
17. September
Arlane, Carola, Robert, Unno, Hildegard von Bingen – Schutzpatron: Hl. Hildegard von Bingen, Schutzpatron der Sprachforscher.
18. September
Claudia, Irene, Richardis, Lambert – Schutzpatron: Hl. Lambert, Schutzpatron der Chirurgen, Zahnärzte, Ammen, Helfer bei Nieren- und Augenleiden.
19. September
Arnulf, Bertold, Igor, Jännerius, Theodor, Torsten – Schutzpatron: Hl. Jännerius, Schutzpatron der Goldschmiede, Helfer bei Vulkanausbrüchen.
20. September
Anno, Eustachius, Fausta, Hanno, Warin – Schutzpatron: Hl. Eustachius, einer der 14 Nothelfer. Schutzpatron der Jäger, Installateure und Einzelhändler, Helfer in allen schwierigen Lebenslagen.
21. September
Bernhardine, Debora, Hannelore, Jonas, Apostel und Evangelist Matthäus – Schutzpatron: Hl. Matthäus, Evangelist, Schutzpatron der Finanz-, Steuer- und Zollbeamten.
22. September
Gunthild, Moritz, Mauritius – Schutzpatron: Hl. Mauritius und seine Gefähr-

13. September – Hl. Notburga

ten, Schutzpatron des Heeres, der Infanterie und Soldaten, Helfer bei Gefechten und Schlachten, bei Ohrenleiden, Krämpfen und Besessenheit.

23. September

Gerhild, Linus, Rotrud, Thekla – Schutzpatron: Hl. Thekla, Schutzpatron Sterbender und Augenkranker.

24. September

Gerhard, Hermann, Mercedes, Rupert, Virgil – Schutzpatron: Hl. Rupert, Schutzpatron des Bergbaus, Helfer bei Tollwut. Hl. Virgil von Salzburg, Helfer bei Geburtsnöten.

25. September

Firmin, Kleophas, Nikolaus von der Flüe (Schutzpatron der Schweiz).

26. September

Damian, Eugenia, Kosmas, Marius, Herrezuelo und Leonore de Cisnere – Schutzpatrone: Hl. Kosmas und Damian, Schutzpatrone der Ärzte, Apotheker, Drogisten, Friseure, Physiker und Armen.

27. September

Dietrich, Hiltraud, Hiltrudis, Joseph, Thilo, Vinzenz von Paul – Schutzpatron: Hl. Vinzenz von Paul, Schutzpatron aller Vereinigungen christlicher Nächstenliebe, der Waisen, Gefangenen, Gastlichkeit sowie der Krankenhäuser. Weiters hilft er auch beim Wiederfinden verlorener Sachen.

28. September

Dietmar, Giselher, Thekla, Thiemo, Wenzel, Lioba

29. September

Gabriel, Raphael, Raphaela, Erzengel Michael – Schutzpatron: Erzengel Gabriel, Schutzpatron der Boten, Zeitungsausträger, Fernmelde- und Nachrichtendienste sowie der Briefmarkensammler. Erzengel Michael, Schutzpatron vieler Berufsstände, Schutzpatron Deutschlands. Schutzengel Raphael, Schutzpatron der Ärzte, Apotheker, Dachdecker, von Kranken, Pilgern und Reisenden.

30. September

Ingeborg, Rita, Viktor, Hieronymus – Schutzpatron: Hl. Hieronymus, Schutzpatron der Gelehrten, Schüler, Studenten, Lehrer, Theologen, der Universitäten und theologischen Fakultäten.

1. Oktober

Emanuel, Giselbert, Platon, Remigius, Roman, Theresia, Werner, Petrus Herbert

2. Oktober
Bergis, Hermann, Leodegar, Ludger
3. Oktober
Ewald, Ludgar, Udo
4. Oktober
Aurea, Edwin, Franz von Assisi, Otwin – Schutzpatron: Hl. Franz von Assisi, Schutzpatron Italiens, der Armen, Schneider, Weber, Kaufleute, Fremdsprachenkorrespondenten, der Natur und der Tiere. Franz von Assisi gründete den Franziskanerorden und baute erstmals eine Weihnachtskrippe.
5. Oktober
Attila, Galla, Helmut, Meinolf
6. Oktober
Bruno, Renatus, Rene – Schutzpatron: Hl. Bruno, Stifter des Kartäuserordens, Helfer bei Seuchen.
7. Oktober
Gerold, Justina, Markus, Rosa
8. Oktober
Brigitta, Demetrius, Sergius, Simeon – Schutzpatron: Hl. Demetrius, Schutzpatron der Soldaten.
9. Oktober
Arnold, Denis, Dionysius, Günther, Sibylle – Schutzpatron: Hl. Dionysius und seine Gefährten, einer der 14 Nothelfer. Schutzpatron Frankreichs und der Schützen, Helfer im Kampf.
10. Oktober
Florence, Gereon, Viktor, Bruno von Köln
11. Oktober
Bruno, Ethel, Jakob, Pilar, Quirin
12. Oktober
Edwin, Gottfried, Herlind, Maximilian
13. Oktober
Aurelia, Edi, Eduard, Helma, Koloman, Ted – Schutzpatron: Hl. Koloman, Schutzpatron Österreichs und der zum Tode durch den Strang Verurteilten, Helfer bei verschiedenen Schäden.
14. Oktober
Alan, Burkhard, Hildegunde – Schutzpatron: Hl. Burkhard, Helfer bei Gelenkkrankheiten, Lendenschmerzen, Nieren- und Steinleiden, Rheuma.

15. Oktober
Aurelia, Theresa, Theresia, Tracy, Willa, Hedwig von Schlesien – Schutzpatron: Hl. Teresa von Avila, Schutzpatron Spaniens.

16. Oktober
Hedwig, Joachim, Margaretha, Gallus – Schutzpatron: Hl. Gallus, Schutzpatron der Schweiz, Beschützer der Gänse und Hühner. Hl. Hedwig, Herzogin von Schlesien, Schutzpatron Schlesiens und Polens sowie der Brautleute.

17. Oktober
Anselm, Selma, Ignaz, Ignatius – Schutzpatron: Hl. Ignatius, Helfer bei Halsschmerzen.

18. Oktober
Mono, Renate, Wendelin, Evangelist Lukas – Schutzpatron: Hl. Lukas, Evangelist, Schutzpatron der Ärzte, Bildhauer, Buchbinder, Glaser, Goldarbeiter, Notare und besonders der Maler.

19. Oktober
Ferdinand, Frieda, Isaak, Paul von Kreuz

20. Oktober
Edmund, Johanna, Martha, Vitalis, Wendelin – Schutzpatron: Hl. Wendelin, Schutzpatron der Bauern, Landleute, Hirten und des Viehs, Helfer bei Viehseuchen. Im 18. und 19. Jahrhundert verband man mit dem 20. Oktober den Beginn des „Altweibersommers“.

21. Oktober
Clementine, Irmtraud, Ulla, Uschi, Ursula – Schutzpatron: Hl. Ursula und ihre Gefährtinnen, Schutzpatron der Lehrerinnen sowie mehrerer Universitäten, Helferin um eine günstige Heirat, bei Kinderkrankheiten, für einen guten Tod, in Kriegszeiten.

22. Oktober
Cordula, Corinna, Ingbert, Salome

23. Oktober
Severin, Sören, Ute

24. Oktober
Antonius, Claret, Evergislus, Maria, Raphael

25. Oktober
Darina, Krispin, Krispinian, Lutz – Schutzpatron: Hl. Krispin und Krispinian, Schutzpatron der Schuster, Sattler, Gerber, Weber und Schneider. Früher war zu Krispin der Feiertag der Schuster.

21. Oktober – Hl. Ursula

26. Oktober
Amandus, Gerweich, Josefine, Valentin, Witta, Frumentius
27. Oktober
Sabine, Wolfhard, Olaus und Lorenz
28. Oktober
Alfred der Große, Fred, Apostel Simon und Judas – Schutzpatron: Hl. Simon Zelotes, Apostel, Schutzpatron der Waldarbeiter und Lederindustrie. Hl. Judas Thaddäus, Apostel, Helfer bei verzweifelten Anliegen und Situationen.
29. Oktober
Ferrutius, Hermelinde, Narzissus
30. Oktober
Bernhard, Claudius, Dorothea, Dietger, Gottschalk
31. Oktober
Judith, Jutta, Notburga, Notburgis, Wolfgang – Schutzpatron: Hl. Wolfgang von Regensburg, Schutzpatron der Holzarbeiter, Hirten, Köhler und Schiffer, Helfer bei Schlaganfall, Lähmung, Leibschmerzen und Blutungen.

1. November
Arthur, Boso, Harald, Luitpold, Rupert
2. November
Angela, Angelika, Viktoria, Willebold
3. November
Bert, Hubert, Ida, Prim, Pirmin – Schutzpatron: Hl. Hubert von Lüttich, Schutzpatron der Jäger, Förster, Drechsler, Metallarbeiter, Metzger und Optiker; Helfer bei Tollwut, Hunde- und Schlangenbiss sowie bei Irrsinn.
4. November
Borromäus, Gregor, Harti, Karola, Karoline, Reinhard – Schutzpatron: Hl. Borromäus, Schutzpatron der Seelsorger.
5. November
Berthild, Elisabeth, Florian, Mirko
6. November
Christine, Leonhard, Leo, Leonie, Modesta – Schutzpatron: Hl. Leonhard von Noblac, Schutzpatron der Bauern, Stallknechte und des Viehs, der Gefangenen, Schlosser, Wöchnerinnen, Steinkohlebergleute und der Obsthändler; Helfer bei Kopfschmerzen, Siechtum von Kindern und bei Geschlechtskrankheiten.

7. November
Engelbert, Ernst, Gisbert, Karin, Karina, Willibrod – Schutzpatron: Hl. Willibrod, Schutzpatron Luxemburgs, Helfer bei Epilepsie und Veitstanz.
8. November
Gottfried, Gregor, Martin, Wülehard, Willehard
9. November
Roland, Theodor, Torsten, Ranulf – Schutzpatron: Hl. Theodor von Euchaita, Schutzpatron der Soldaten, Helfer bei Sturmgefahr.
10. November
Justus, Leo der Große
11. November
Bruno, Mennas, Martin – Schutzpatron: Hl. Martin von Tours
12. November
Diego, Emil, Emiliana, Kunibert
13. November
Bill, Eugen, Stanislaus, Willi, Wim – Schutzpatron: Hl. Stanislaus, Schutzpatron Polens; Helfer in verzweifelten Situationen und bei Gelenkbrüchen.
14. November
Albert, Alberich, Sidonie
15. November
Leopold, Albert der Große – Schutzpatron: Hl. Albert der Große, Schutzpatron der Naturwissenschaften und Studenten. Hl. Leopold von Österreich, Schutzpatron Österreichs.
16. November
Edmund, Esmeralda, Margareta, Otmar, Peggy, Walter
17. November
Gerda, Gertrud, Hilda, Hiltrud, Viktoria
18. November
Odo, Peter, Roman – Schutzpatron: Hl. Odo, Schutzpatron der Musiker, Helfer bei Dürre und Regen.
19. November
Ella, Elly, Lilli, Lilo, Lisa, Mechthild, Elisabeth von Thüringen – Schutzpatron: Hl. Elisabeth von Thüringen, Schutzpatron der Caritas, Bäcker, Obdachlosen, Witwer und Waisen.
20. November
Bernward, Edmund, Felix, Korbinian

21. November
Amalberga, Columban
22. November
Cäcilie, Cäcilia, Cordula, Silke – Schutzpatron: Hl. Cäcilia, Schutzpatron der Kirchenmusik, Dichter, Musiker, Sänger und Instrumentenbauer.
23. November
Detlev, Felizitas, Klemens, Kolumban – Schutzpatron: Hl. Kolumban, Schutzpatron Irlands, Helfer bei Überschwemmungen und Geisteskrankheiten.
24. November
Flora, Herta, Hilda, Hitto
25. November
Karin, Katja, Katharina – Schutzpatron: Hl. Katharina von Alexandrien, einer der 14 Nothelfer. Schutzpatron der Philosophen, des Lehrstandes, der Rechtsgelehrten u.v.a.; Helferin bei der Suche nach Ertrunkenen und bei schwerer Sprache.
26. November
Adalbert, Ida, Konny, Kuno, Konrad
27. November
Alwine, Eckard, Modestus, Oda, Trude, Virgil(ius) von Salzburg
28. November
Berta, Günther, Hadumod, Rufus
29. November
Christine, Friedrich, Judith, Jutta, Kerstin, Vina, Saturnius – Schutzpatron: Hl. Jutta von Heiligenthai, Helferin bei Fieberkrankheiten.
30. November
Andrea, Folkhard, Gerwald, Apostel Andreas – Schutzpatron: Hl. Andreas, Schutzpatron von Russland, Griechenland und Schottland sowie der Fischhändler und Metzger; Helfer in Schlachten und Kämpfen, bei Unfruchtbarkeit der Frau und bei Halsschmerzen. Andreas wird auch von Mädchen angerufen, die heiraten möchten und ihn deshalb um einen Mann bitten.

1. Dezember
Bianca, Edmund, Eligius, Natalie
2. Dezember
Bibiana, Luzius, Johannes – Schutzpatron: Hl. Luzius von Chur, Schutzpatron von Liechtenstein.

3. Dezember
Emma, Franz Xaver, Gerlinde, Gerling – Schutzpatron: Hl. Franz Xaver, Schutzpatron der Missionare, Jesuiten, Seereisen und des Tourismus, Helfer bei Sturm und Hagelschäden.

4. Dezember
Babette, Bärbel, Betty, Garsten, Jens, Kersten, Kirsten, Barbara – Schutzpatron: Hl. Barbara einer der 14 Nothelfer. Schutzpatron der Architekten, Bergleute, Gefangenen und Schmiede; Helferin bei Sterbenden, plötzlichem Tod

5. Dezember
Hartwig, Niels, Reinhard, Renz, Anno

6. Dezember
Dionysia, Henrika, Klaus, Nikolaus – Schutzpatron: Hl. Nikolaus einer der 14 Nothelfer, Schutzheiliger der Kinder, von Russland, der Pilger, Reisenden, Gefangenen, Kaufleute, Schiffer, Apotheker; Helfer für Befreiung Gefangener, bei Diebstahl, falschem Urteil, Wiedererlangen gestohlener Sachen.

7. Dezember
Ambrosius, Farah, Gerald, Gerhard – Schutzpatron: Hl. Ambrosius von Mailand, Schutzpatron der Imker, Bienen und Haustiere.

8. Dezember
Edith, Elfriede, Konstantin, Sabina

9. Dezember
Eucharius, Liborius, Petrus, Valerie

10. Dezember
Angelina, Bruno, Irma, Petrus Fourier

11. Dezember
Arthur, David, Tassilo III.

12. Dezember
Adelheid, Hartmann, Heidrun, Janina, Jennifer, Jenny, Jessika, Vicelin

13. Dezember
Jacqueline, Jakob, Jost, Luzia, Ottilie, Odilia

14. Dezember
Franziska, Berthold von Regensburg

15. Dezember
Carlo, Christina, Nina, Minen, Wunibald

16. Dezember
Ado, Hedwig, Sturmius, Adelheid

7. Dezember – Hl. Ambrosius

17. Dezember
Brunhilde, Jolanda, Lazarus, Vivians, Abt Sturmius von Fulda
18. Dezember
Philipp, Philippus, Wunibald und Willibald – Schutzpatron: Hl. Wunnibald, Schutzpatron der Brautleute und Bauarbeiter.
19. Dezember
Konrad, Peter, Urban, Thea
20. Dezember
Eido, Eugen, Gottlieb, Harry, Heinrich, Henrik, Holger, Julius, Regina
21. Dezember
Rike, Peter Friedhofen, Petrus Canisius, Richard, Apostel Thomas
22. Dezember
Demetrius, Jutta, Marian
23. Dezember
Dagobert, Gregor, Ivo, Ivonne, Viktoria
24. Dezember
Adam und Eva, Evelyn, Evita, Fanny, Erkenbert
25. Dezember
Anastasia, Eugenia, Natalis, Geburt des Herrn – Schutzpatron: Hl. Eugenia, Helferin bei Taubheit und Besessenheit.
26. Dezember
Richlind, Stephan, Stephanie, Steve, Erzmärtyrer Stephanus – Schutzpatron: Hl. Stephanus, Schutzpatron der Schneider, Taxifahrer und Steinmetze; Helfer bei Kopfschmerzen, Seitenstechen, Steinleiden und um einen guten Tod.
27. Dezember
Balto, Esso, Fabiola, Jan, Apostel und Evangelist Johannes – Schutzpatron: Hl. Johannes, Apostel und Evangelist, Schutzpatron sehr vieler Berufsgruppen; Bewahrer und Helfer bei Epilepsie, Gicht, Brandwunden und Hagel.
28. Dezember
Hermann, Otto, Theodor, Udo, Unschuldige Kinder
29. Dezember
David, Lothar, Tamara, Tom
30. Dezember
Felix I., Gemar, Margot, Richard
31. Dezember
Kolumba, Melanie, Silvester – Schutzpatron: Hl. Silvester